Haringke Fugmann

Beiträge zur Erforschung religiöser und geistiger Strömungen
Band 2

Situative nicht-durativ lokalisierbare heilige Orte

GRIN - Verlag für akademische Texte

Der GRIN Verlag mit Sitz in München hat sich seit der Gründung im Jahr 1998 auf die Veröffentlichung akademischer Texte spezialisiert.

Die Verlagswebseite www.grin.com ist für Studenten, Hochschullehrer und andere Akademiker die ideale Plattform, ihre Fachtexte, Studienarbeiten, Abschlussarbeiten oder Dissertationen einem breiten Publikum zu präsentieren.

Dokument Nr. V198312 aus dem GRIN Verlagsprogramm

Haringke Fugmann

Beiträge zur Erforschung religiöser und geistiger Strömungen
Band 2

Situative nicht-durativ lokalisierbare heilige Orte

GRIN Verlag

Bibliografische Information der Deutschen Nationalbibliothek: Die Deutsche Bibliothek verzeichnet diese Publikation in der Deutschen Nationalbibliografie; detaillierte bibliografische Daten sind im Internet über http://dnb.d-nb.de/ abrufbar.

Dieses Werk sowie alle darin enthaltenen einzelnen Beiträge und Abbildungen sind urheberrechtlich geschützt. Jede Verwertung, die nicht ausdrücklich vom Urheberrechtsschutz zugelassen ist, bedarf der vorherigen Zustimmung des Verlages. Das gilt insbesondere für Vervielfältigungen, Bearbeitungen, Übersetzungen, Mikroverfilmungen, Auswertungen durch Datenbanken und für die Einspeicherung und Verarbeitung in elektronische Systeme. Alle Rechte, auch die des auszugsweisen Nachdrucks, der fotomechanischen Wiedergabe (einschließlich Mikrokopie) sowie der Auswertung durch Datenbanken oder ähnliche Einrichtungen, vorbehalten.

1. Auflage 2012
Copyright © 2012 GRIN Verlag GmbH
http://www.grin.com
Druck und Bindung: Books on Demand GmbH, Norderstedt Germany
ISBN 978-3-656-24720-3

Situative nicht-durativ lokalisierbare heilige Orte

Zusammenfassung: Wer sich mit „heiligen Orten" beschäftigt, denkt dabei in der Regel an Wallfahrtsorte, Kirchen und andere Stätten religiöser Relevanz, an Naturheiligtümer oder an Orte der Hierophanie – an konkrete Orte eben, die bestimmten Menschen als heilig gelten.

Allerdings gibt es im großen Spektrum dessen, was als „heiliger Ort" gilt, ein Phänomen, das sich einer solchen konkreten Lokalisierung entzieht. Gemeint ist die im christlichen Traditionsstrom beheimatete Vorstellung, dass man Christus im Nächsten begegnet; dass also der heilige Ort jeweils dort zu finden ist, wo man dem Heiligen in einem anderen Menschen begegnet – und dass diese heiligen Orte nur situative, nicht-durativ lokalisierbare heilige Orte sind.

Der folgende Aufsatz untersucht das Phänomen solcher nur situativer verortbarer heiliger Orte mithilfe eines religionswissenschaftlichen und theologischen Instrumentariums am Beispiel von Erfahrungsberichten von sogenannten „Straßenexerzitien", wie sie seit einigen Jahren u.a. von Christian Herwatz, SJ und Christoph Albrecht, SJ angeboten werden.

Inhaltsverzeichnis

1. Einführung..2
   1.1 Problembeschreibung...2
   1.2 Begriffe..2
Teil 1: Das Instrumentarium..3
2. Belden Lane: Dem Ort eine Stimme geben...3
   2.1 Problemanzeige...3
   2.2 Topos und Chora...3
   2.3 Kulturwissenschaftliche Zugänge...4
      2.3.1 Ontologischer Zugang: Weltachse und Grenzen........................5
      2.3.2 Kultureller Zugang: Umkämpfte Orte...6
      2.3.3 Phänomenologischer Zugang: Wiederentdeckte Orte................6
   2.4 Landschaft, Ort und körperliches Subjekt..7
   2.5 Der poetische Zugang..8
3. Heilige Orte sind bespielte Orte..8
   3.1 Zeichen des Raumes bzw. Ortes...9
      3.1.1 Raumkonzeption..9
      3.1.2 Dekoration..10
      3.1.3 Requisiten..10
      3.1.4 Beleuchtung...10
   3.2 Nonverbale akustische Zeichen..11
   3.3 Paralinguistische Zeichen der Akteure...12
   3.4 Kinesische Zeichen der Akteure...12
   3.5 Erscheinen der Akteure als Zeichen...12
   3.6 Ensemble der Versammelten als Zeichen...12
4. Zusammenfassung..13
Teil 2: Die Untersuchung situativer heiliger Orte...13
5. Was sind Straßenexerzitien?..13

Exkurs: Die Stadt als heilige Landschaft in der europäischen Tradition 16
  1. Die mittelalterliche Kathedrale als Evokation des Paradieses 16
  2. Zwischen Lokalisierbarkeit und Nicht-Lokalisierbarkeit 16
  3. Die Stadt als heilige Landschaft 17
  4. Raumtheorien der modernen Stadt 18
  5. Ergebnis des Exkurses 18
  6. Erfahrungsberichte über Straßenexerzitien 18
  7. Erzählungen von heiligen Orten in Erfahrungsberichten von Straßenexerzitien 19
    7.1 Ein Gefängnis als heiliger Ort 20
      7.1.1 Die JVA Nürnberg (2x) 20
      7.1.2 Die JVA Duisburg 23
    7.2 Eine Suppenküche als heiliger Ort 25
    7.3 Ein Grabmal als heiliger Ort 25
    7.4 Ein Park als heiliger Ort 26
    7.5 Ein Restaurant als heiliger Ort 28
    7.6 Eine Gedenkstätte und ein Kinderspielplatz als heilige Orte 30
    7.7 Ein ausgebranntes Haus als heiliger Ort 31
    7.8 Die Wohngemeinschaft der Exerzitien als heiliger Ort 32
  8. Zusammenfassung 34
Teil 3: Ergebnissicherung 34
  9. Rückblick 34
  10. Ausblick 36

1. Einführung

1.1 Problembeschreibung

Die Frage danach, wie man sich auf religionswissenschaftliche und theologische Weise dem Phänomen „Heilige Orte" und „Kraftorte" nähern kann, ist äußerst komplex. Erfahrungen, die an solchen Orten und Plätzen gemacht werden, sind ebenso subjektiv wie subtil, sie entziehen sich nicht selten gar der Aussagbarkeit. Entsprechend schwierig ist es daher, solche Orte und die Erfahrungen, die dort gemacht werden, zu analysieren.

1.2 Begriffe

Zwei Begriffe sind zunächst zu bestimmen: Was ist gemeint, wenn im Folgenden von „heiligen Orten" bzw. von „Kraftorten" die Rede ist?

Heilige Orte sind im Folgenden Orte, von denen Menschen sagen, dass sie für sie heilig sind – wobei dann zu klären ist, was „heilig" in diesem Kontext für sie bedeutet.

Kraftorte sind im Folgenden Orte, die nach dem Dafürhalten derer, die sie so bezeichnen, Kraft haben oder ausstrahlen – wobei jeweils zu klären ist, wodurch diese Kraft für sie charakterisiert ist,

wie sie beschrieben und empfunden wird, welche Wirkungen man ihr zuschreibt, inwiefern es sich dabei um eine Metapher handelt und was sie in diesem Fall bezeichnet.

Teil 1: Das Instrumentarium

Im ersten Teil unseres Vorhabens sollen verschiedene wissenschaftliche Instrumente vorgestellt werden, die für die Analyse lokalisierbarer heiliger Orte entwickelt wurden. Die folgende Darstellung erhebt dabei keinen Anspruch auf Vollständigkeit. Es geht lediglich darum, einige hilfreiche Untersuchungsmethoden und -fragen vorzustellen.

2. Belden Lane: Dem Ort eine Stimme geben

2.1 Problemanzeige

Belden Lane (US-amerikanischer protestantischer Theologe und Professor der römisch-katholischen Saint Louis University.) hat 2001 einen Aufsatz[1] veröffentlicht, in dem er der Frage nachgeht, auf welche Weise man aus religionswissenschaftlicher Sicht das Phänomen heiliger Orte (engl. „Sacred Space") so verstehen kann, dass nicht nur soziokulturelle Erklärungsansätze (heilige Orte als kulturelle Konstrukte) berücksichtigt werden, sondern auch traditionelle native Sichtweisen, die darauf verweisen, dass solche Orte imstande sind, „zurück zu reden". (55f.)

Das Problem, das Lane beschreibt, stellt sich folgendermaßen dar: Wenn man der natürlichen Welt keine Stimme verleiht, ihr also nicht zugesteht, dass sie selbst am Entstehungsprozess von Bedeutung beteiligt ist, dann werden die eigentlich so fesselnden menschlichen Erzählungen über außerordentlich bedeutsame Orte bedeutungslos; dann lässt sich nicht erklären und verstehen, wie es sein kann, dass Menschen die Erfahrung machen, dass bestimmte Orte Macht auf sie ausüben, dass nicht sie den Ort „haben", sondern dass der Ort im Gegenteil *sie* „hat". (56)

Wie aber können solche Phänomene kritisch zugänglich gemacht werden? Wie kann man Orten aus wissenschaftlicher Sicht eine Stimme verleihen, wie kann man erklären, dass Orte bei der Entstehung von Bedeutung selbst eine Rolle spielen? Lane schlägt vor, dem Gedanken Paul Ricoeurs zu folgen und von einer „ersten Naivität" durch eine Hermeneutik des Verdachts hindurch zu einer „zweiten Naivität" zu gelangen (die in der Vertiefung des Diskurses das Staunen wieder neu entdeckt). (56f.)

2.2 Topos und Chora

Lane beginnt mit einer Unterscheidung, die er bei Plato und Aristoteles vorfindet: Aristoteles verstehe den Ort als „topos": ein Ort sei ein Punkt, der sich von keinem anderen Punkt unterscheide (hiervon leitet sich das Wort „Topographie" im Sinne einer Aufzeichnung von gleich gültigen Orten

---

[1] Belden C. Lane, Giving Voice to Place: Three Models for Understanding American Sacred Space, in: Religion and American Culture: A Journal for Interpretation, Vol. 11, No. 1 (Winter 2001), 53-81.

ab).[2] Plato hingegen spreche von „chora": Er habe verstanden, dass Orte die Fähigkeit haben, unmittelbar mit menschlichen Erfahrungen „mitzuschwingen". An Orten finden die Erfahrungen der Menschen gleichsam einen Widerhall. Als „chora" trage der Ort seine eigene Energie und Kraft, der die Menschen dazu verleitet, gemeinsam zu tanzen (hiervon leite sich unser Wort „Choreographie" ab).[3]

Zur Veranschaulichung verweist Lane auf ein McDonalds-Restaurant: Für die meisten Menschen sei solch ein Restaurant ein „topos": Wenn man eines gesehen hat, hat man alle gesehen. Wer jedoch in einem bestimmten McDonalds einen Heiratsantrag erhalten hat, für den verwandle sich dieses Restaurant zur „chora". (54)

Ebenso wie im Blick auf den Ort unterscheiden sich die Perspektiven der antiken griechischen Philosophen auch im Blick auf die Zeit: Zeit als „chronos" wird als das eintönige Ticken der Uhr wahrgenommen, bei der jede Sekunde der anderen gleicht. Als „kairos" hingegen ist die Zeit ein einmaliger, nicht wiederholbarer Moment, in dem sich Dinge von großer Bedeutsamkeit im Leben eines Einzelnen oder einer Gemeinschaft ereignen. (55)

2.3 Kulturwissenschaftliche Zugänge

Aus kulturwissenschaftlicher Sicht gibt es nach Lane drei Möglichkeiten, heilige Orte zu untersuchen: man kann sich ihnen ontologisch, kulturell und phänomenologisch nähern.

1) Der „ontologische Zugang", für den Mircea Eliade exemplarisch steht, versteht einen heiligen Ort als einen Ort der Hierophanie, als Ort der Offenbarung des Heiligen. Aus dieser Sicht gilt für heilige Orte, dass sie von allen anderen, profanen Orten radikal unterschieden werden. Solche Orte sind Orte des Numinosen, wo übernatürliche Kräfte ins Gewöhnliche eindringen.[4]

Dieser Zugang hat den Vorteil, dass dabei die Innensicht der Gläubigen über den Ort ernst genommen wird. Der Nachteil dieser Sichtweise besteht darin, dass sich das Heilige und das Profane nie auf so einfache Weise voneinander scheiden lässt. Beide sind eher sich gegenseitig überlappende Dimensionen menschlicher Erfahrungen.

2) Der „kulturelle Zugang" wird beispielsweise von Kulturhistorikern wie David Chidester und Edward Linenthal vertreten: Sie verwerfen die Idee, dass heilige Orte selbst eine „Intentionalität" hätten, einen Impetus, den sie aus sich selbst heraus oder von etwas außerhalb ihrer selbst bezögen. Statt dessen sind sie der Meinung, dass jede menschliche Zuschreibung von Heiligkeit immer eine soziokulturelle Konstruktion der Wirklichkeit sei. (Lane, 57) Von hier aus ist verständlich, dass sie besonders den konfliktuösen Charakter

---

2 Aristoteles, Physik, VI, 1.
3 Plato, Timaios, 49a, 51a.
4 Mircea Eliade, The Sacred and the Profane. The Nature of Religion, New York, 1961, 20-29.

heiliger Orte betonen: Ein heiliger Ort ist aus dieser Sicht dadurch definiert, dass es ein Ort ist, über den gestritten wird.[5]

Der Vorteil dieser Sichtweise besteht darin, dass Religion hier in ihrer soziokulturellen Verfasstheit wahrgenommen wird. Auf diese Weise können ideologische und andere kulturelle Dimensionen erfasst und verstanden werden, die im Anspruch auf einen konkreten heiligen Ort zu Tage treten. Allerdings hat dieser Zugang den Nachteil, die Bedeutsamkeit des Ortes selbst für die Konstitution dieses Ortes als eines heiligen Ortes zu vernachlässigen: die Orte selbst sind dann lediglich bedeutungsneutrale Objekte, die von dieser oder jener Gruppe oder Bewegung für die eigenen Zwecke gedeutet und instrumentalisiert werden.

3) Der „phänomenologische Zugang" schließlich versucht, dem Ort selbst Gehör zu schenken, d.h. seine eigene Topographie und materielle Beschaffenheit als hermeneutische Angebote von Sinnkonstruktion zu berücksichtigen. US-amerikanische ökologische Vordenker wie James Gibson und Edward Casey haben die Idee eingebracht, dass Orte im Prozess ihrer Wahrnehmung selbst an den Entstehung ihrer Bedeutung beteiligt sind. Sie sprechen von einer Intersubjektivität zwischen Ort und Mensch, von einer Reziprozität, die sich etwa darin zeigt, einen Stein zu berühren und umgekehrt von ihm berührt zu werden. Es gilt, die „Ganzheit" eines Ortes anzuerkennen, wenn wir zu verstehen versuchen, wie ein Ort als heiliger Ort wahrgenommen wird. (58)

Letztlich, so Lane, seien alle drei Ansätze notwendig, um den komplexen Charakter eines konkreten heiligen Ortes zu erfassen. (58f.) Aus diesem Grund geht er diesen drei Zugängen in einem zweiten Schritt noch detaillierter nach:

2.3.1 Ontologischer Zugang: Weltachse und Grenzen

Für M. Eliade[6] galt es als erwiesen, dass ein Ort, an dem sich das Heilige manifestiert, stets vom übrigen Kontext bzw. vom Umfeld abgesondert wird oder werden muss: Sei es, dass ein Kreis um ihn gezogen wird, dass die Schuhe beim Betreten des Ortes ausgezogen werden, dass sich die Kommunikation der Gläubigen verändert etc. Von den Gläubigen würden solche Orte, die das Zentrum der Welt („axis mundi", Weltachse) bildeten, als „strukturell und ontologisch anders" erkannt werden. (Lane, 60)

Andererseits hat Jonathan Z. Smith[7], Eliades Nachfolger an der University of Chicago, darauf hingewiesen, dass heilige Orte nicht generell vom Umfeld abgesondert werden, und dass sie sich durchaus auch an der Peripherie der bekannten Welt befinden können. Gerade der Rand, die Grenze, könne ein Ort der Offenbarung des Heiligen sein. (Man denke an den brennenden Dornbusch in der

---

5 David Chidester, Edward Linenthal (Hg.), American Sacred Space. Religion in North America, Indiana, 1995.
6 Mircea Eliade, The Sacred and the Profane. The Nature of Religion, New York, 1961, 26.
7 Jonathan Z. Smith, To take to Place: Toward a Theory of Ritual, Chicago, 1987.

jüdisch-christlichen Tradition, weit entfernt von aller menschlichen Zivilisation.) Zuweilen seien Orte sogar nur temporär heilig. (62)

2.3.2 Kultureller Zugang: Umkämpfte Orte

Aus kultureller, Durkheim'scher Sicht kann ein Ort jede erdenkliche soziokulturelle Bedeutung annehmen. Der grundlegendste Faktor eines heiligen Ortes ist aus dieser Sicht seine Fähigkeit, eine große und widersprüchliche Bandbreite von Bedeutungszuschreibungen und religiösen Praktiken aufnehmen und beherbergen zu können. (Lane, 63) Aus soziologischer Sicht sind heilige Orte aber nicht nur „Schlachtfelder" konkurrierender religiöser Stimmen und Bedeutungen, sondern auch Möglichkeiten, sowohl religiöse als auch nichtreligiöse Anliegen miteinander zu „verschachteln". Manche Orte können demnach sowohl religiös als auch politisch oder zeitgeschichtlich bedeutsam sein. Was solche Orte „heilig" macht, ist (1.) die Gegenwart ritueller Aktivitäten und symbolischer Bedeutungszuschreibungen und (2.) konkurrierende Macht- und Besitzansprüche auf diesen Ort. (64)

Lane schlägt dementsprechend vor, einen solchen Ort als eine Art „kulturelles Palimpsest" zu verstehen, ähnlich einer antiken Handschrift, die immer wieder abgeschabt und überschrieben wurde. Auch an Orten könnten sich Inhalte und Bedeutungen gegenseitig überlagern und überschreiben. (62) Damit wird Lane zugleich der diachronen, historischen Fragestellung gerecht, die sich bei einem heiligen Ort oder Kraftort stellt.

2.3.3 Phänomenologischer Zugang: Wiederentdeckte Orte

Der Nachteil sowohl des ontologischen wie auch des kulturellen Zugangs besteht für Lane darin, dass dabei die konkreten Gegebenheiten und Besonderheiten eines Ortes, die seine Deutung stets mitbestimmen, nicht in den Blick geraten. (Lane, 66) Da wir selbst körperliche Wesen sind, können wir die Welt nur verstehen, wenn wir uns körperlich handelnd auf sie einlassen, wenn wir in einen Austausch mit ihr eintreten.

Der ökologische Vordenker und Psychologe James J. Gibson[8] schreibt, dass die Welt uns (und anderen Tieren) unzählige „Angebote" mache, während wir uns durch sie hindurch bewegen; dabei handelt es sich um grundlegende Möglichkeiten der materiellen Umwelt, die aus sich selbst heraus Bedeutungen vorschlagen, unabhängig davon, was wir damit machen. Eine flache Steinfläche auf Kniehöhe etwa bietet sich für Menschen als Sitzgelegenheit an. Bäume bieten sich Tieren zum Klettern und Ausruhen an. Ein im Sand liegender Stein kann einer Krabbe als Versteck dienen oder von einem Menschen als Werkzeug oder Waffe aufgehoben werden.

---

8 James J. Gibson, The Ecological Approach to Visual Perception, Boston, 1979, 127ff.

Das aber bedeutet, so Lane: Wir kennen einen Ort nur insofern wirklich, als wir an den verschiedenen Angeboten, die er anbietet, teilhaben; insofern als wir uns auf seine wechselnden visuellen, auditiven, olfaktorischen und kinästhetischen Qualitäten einlassen.

Ein Ort, der etwas in uns heraufbeschwört, der von unbeantworteten Fragen seiner physischen und soziokulturellen Vergangenheit besessen ist, „verlangt" also gleichsam aus sich selbst heraus bestimmte Deutungen. (67)

2.4 Landschaft, Ort und körperliches Subjekt

Schon der französische Philosoph Maurice Merleau-Ponty[9] hatte 1962 die Bedeutsamkeit unserer Körper und unserer körperlichen Interaktion mit der Umwelt für unsere Wahrnehmung betont. Unsere Körper sind nicht nur Behälter eines Verstandes, sie bewegen sich durch die Umwelt als Teil davon. Wir nehmen wahr und werden dabei wahrgenommen. (Lane, 68)

Der Philosoph Edward S. Casey hat 1993 den Prozess der Wahrnehmung einer Landschaft oder eines Ortes durch ein körperliches Subjekt näher untersucht und beschreibt sechs verschiedene „Momente", die wesentlich für den Austausch zwischen Landschaft/Ort und Subjekt sind:

1. Der „umgebende Bereich" ist das, was einen Ort umfasst und von anderen Orten unterscheidet (z.B. kann ein Ort in einem tiefen Tal liegen, an einem großen Binnensee usw.).
2. Die „sinnliche Oberfläche" ist das, was bei der ersten Begegnung mit einem Ort besonders hervorsteht (z.B. seine Farben, Formen, Oberflächen usw.).
3. Die „Dinge", die physikalischen Gegenstände also, sind das, was sich von der sinnlichen Oberfläche abhebt (z.B. besondere Steine, Bäume oder andere Dinge, die unsere Aufmerksamkeit erregen).
4. Der „Grund" ist die Verlängerung der sinnlichen Oberfläche nach unten. Der Grund verankert den Ort in den Tiefen der Erde.
5. Der „Bogen" (engl „arc") ist das, was nach hinten/oben entschwindet, was sich der Wahrnehmung entzieht, etwa eine zurückweichende Landschaft oder der Horizont des Meeres.
6. Die „Atmosphäre" schließlich gibt die „emotionale Tonalität" oder „Stimmung" eines Ortes wieder. Orte scheinen zuweilen Gefühle zu beherbergen.[10]

Lane kommt zu dem Ergebnis: Heilige Orte sprechen mit eigener Stimme, selbst wenn diese Stimme mit „kulturell geprägten Ohren" gehört wird. Zudem sei das „Andere", das „Heilige" nur in Relation zum Ort selbst wahrzunehmen. Erst wenn alle drei Dimensionen – Wahrnehmungen des

---
9 Maurice Merleau-Ponty, Phenomenology of Perception, London, 1962.
10 Edward S. Casey, Getting Back into Place: Toward a Renewed Understanding of the Place-World, Indiana, 1993, 204-222.

Numinosen, soziokulturelle Analysen und phänomenologische Relationsbestimmungen zwischen Ort und Mensch – in den Blick genommen werden, können wir verstehen, was Menschen zu solchen Orten hinzieht. (70)

2.5 Der poetische Zugang

Wie aber können solche disparaten Zugänge gebündelt werden? Lane schlägt dafür einen narrativen Weg vor: Die Rolle des Menschen im Deutungsprozess eines Ortes bestehe darin, dessen Geschichte zu erzählen; eine Erzählung zu weben, die die Energien des Landes und des Himmels umfasst, weil ihre Bedeutung nur je im Wechselspiel erfasst werden kann. Dabei können heilige Orte „Träger" moralischer und gemeinschaftlicher Werte werden, etwa wenn topographische Besonderheiten mit menschlichen Mythen verknüpft werden. (71)

Die Aufgabe, vor die jene gestellt sind, die heilige Orte untersuchen, sei daher die Aufgabe eines Dichters. Dichterische Fähigkeiten und interdisziplinäre Zugänge seien nötig, um einen heiligen Ort angemessen definieren und beschreiben zu können. (72) Der poetische Zugang erinnere uns zudem daran, dass heilige Orte seit jeher „erzählte" Orte sind, an denen Landschaften und kollektive Erinnerungen kunstvoll miteinander verwoben sind. Geschichten davon, wie außergewöhnliche Mächte in den gewöhnlichen Alltag eindringen, sind Teil der menschlichen Erfahrung des Heiligen. Wer sich aus dichterischer Perspektive darauf einlasse, der gelange zur Einsicht, dass es letztlich der heilige Ort sei, der den Interpreten selbst interpretiert: Der heilige Ort stellt jene in Frage, die ihn in Frage stellen. Er deutet jene, die ihn deuten. (73) Er „spricht zurück" und hat eine Stimme.

3. Heilige Orte sind bespielte Orte

Ein Aspekt, den wir in diesen Analyseansätzen heiliger Orte und Kraftorte, wie B. Lane sie vorgestellt hat, noch vermissen, ist die Frage nach der konkreten, z.B. rituellen Nutzung solcher Orte. Heilige Orte sind ja – sofern ihnen als heilige Orte aktuelle Relevanz zukommt – stets „bespielte" Orte: Es sind Orte, an denen etwas zur Aufführung kommt; Orte, an denen religiöse, politische oder sonstige Rituale gefeiert und beobachtet werden, die mit symbolischen Bedeutungen versehen oder davon gereinigt werden; Orte, an denen Menschen zusammenkommen, um dort selbst aktiv zu sein oder anderen zuzusehen, die aktiv sind. Heilige Orte sind i.d.R. bespielte Orte. Seit die Theaterwissenschaftlerin Erika Fischer-Lichte 2004 ihre weit beachtete Monographie „Ästhetik des Performativen" veröffentlicht und darin Theateraufführungen unter semiotischer Perspektive untersucht hat, gibt es verschiedene Ansätze, das von ihr entwickelte Instrumentarium auch zur Aufführungsanalyse von Veranstaltungen heranzuziehen, die nicht in Relation zum Theater

stehen. Zu denken ist etwa an die Aufführung eines Gottesdienstes, wie der Theologe Jens Uhlendorf[11] sie durchdacht hat.

Auch für die Analyse von Ritualen, die an heiligen Orten oder Kraftorten aufgeführten werden, könnte dieses Untersuchungsschema von Interesse sein. Zu unterscheiden sind nach Fischer-Lichte/Uhlendorf folgende grundlegende Arten von Zeichen:

- Zeichen des Raumes bzw. Ortes
- Nonverbale akkustische Zeichen
- Paralinguistische Zeichen der Akteure
- Kinesische Zeichen der Akteure
- Das Erscheinen der Akteure als Zeichen
- Das Ensemble der Versammelten als Zeichen

Dabei können verschiedene dieser Zeichen noch einmal unter Berücksichtigung weiterer Aspekte analysiert werden: Es gibt Zeichen, die sind

- akustischer und/oder visueller Art
- transitorisch oder länger andauernd
- akteurbezogen oder raumbezogen
- situativ (einmalig) oder wiederkehrend
- vor einem Publikum oder ohne Publikum
- solopräsent oder gruppenpräsent
- emotional oder emotionsneutral
- individuell oder zeremoniell
- auf hohem oder auf niedrigem Energiestatus
- handlungsaufführend oder handlungssymbolisierend

Im Folgenden werden diese Zeichen und Aspekte näher vorgestellt und erläutert.

3.1 Zeichen des Raumes bzw. Ortes

Zu den Zeichen des Raumes – oder in unserem Fall des Heiligen Ortes – gehören Zeichen der Raumkonzeption, der Dekoration, der Requisiten und der Beleuchtung.

3.1.1 Raumkonzeption

Die zentrale Frage, die es im Blick auf die Raumkonzeption als Zeichen der Aufführung an heiligen Orten zu klären gilt, ist die nach dem Verhältnis zwischen dem Bereich der Agierenden, dem Bereich der Zuschauenden und einem evtl. Bereich des Außergewöhnlichen/Heiligen – bzw. die Frage, ob eine solche Verhältnisbestimmung sinnvoll ist, ob etwa alle Anwesenden sowohl Agierende als auch Zuschauende sein können oder ob das Außergewöhnliche, Heilige, Numinose vielleicht gar nicht verortet wird. Bilden die Agierenden z.B. einen Kreis um einen Schrein herum, stellt sich etwa die Frage, wo jene stehen, die dabei zusehen oder auf andere Weise daran partizipieren.

---

11 Für das Folgende: Jens Uhlendorf, Gottesdienst und Aufführungsanalyse, in: Raschzok, Klaus und Müller, Konrad (Hrsg.), Grundfragen des evangelischen Gottesdienstes, Leipzig, 2010, 143-167.

Es gilt also, die Raumkonzeption heiliger Orte und Kraftorte zu untersuchen. Diese kann z.B. wiederum daraufhin befragt werden, ob es sich dabei um eine einmalige oder wiederkehrende Raumkonzeption handelt, ob sie sich eher auf den Raum oder auf die Akteure bezieht, die dort agieren, usw.

3.1.2 Dekoration

Dekorative Zeichen eines Raumes oder Ortes weisen diesen zunächst als das aus, was er bedeuten soll. Bei einem Gebäude etwa könnte ein großformatiges Kreuz dieses Gebäude als christliche Kirche ausweisen; ein Gipfelkreuz würde den damit bezeichneten Ort als höchsten Punkt des Berges oder Hügels ausweisen. In beiden Fällen wären es Zeichen, die länger an diesen Orten bleiben, also keine transitorischen Zeichen.

Außerdem sind dekorative Zeichen für die Erzeugung von Stimmungen an Orten und in Räumen verantwortlich, und zwar in Abhängigkeit kultureller Bedeutungen solcher Orte und Räume: Kunstvolle arabische Schriftzeichen etwa, wie sie in Moscheen zu finden sind, können eindrückliche Stimmungen erzeugen, die bei Menschen hierzulande zuweilen Sehnsüchte nach dem „Morgenland" und Fantasien des „Orients" freisetzen oder aber islamophobe Reaktionen hervorrufen können. Solche dekorativen Zeichen wären dann sehr emotional (also nicht emotionsneutral).

3.1.3 Requisiten

In (unscharfer) Abgrenzung gegenüber dekorativen Zeichen zeichnen sich Requisiten dadurch aus, dass es sich dabei um Gegenstände handelt, an oder mit denen Handlungen vollzogen werden. In der Regel sind diese Requisiten ihrerseits Zeichen und verweisen auf andere Zusammenhänge: Das vom solopräsenten katholischen Priester vor der Gemeinde bei einer Messe geschwungene Weihrauchgefäß etwa verweist in diesem liturgischen Kontext auf die menschliche Ehrerbietung gegenüber Gott.

3.1.4 Beleuchtung

Das Licht an einem Ort ist von erheblicher Relevanz für die Wirkung, die von ihm ausgeht, und für die Stimmung, die dort vorherrscht. Dabei ist die Beleuchtung ein äußerst komplexes Zeichensystem, das zu untersuchen sich lohnt.

Zunächst gilt in Erinnerung zu rufen, dass künstliches Licht oftmals auf natürliches Licht verweist und dieses bedeuten soll. Deckenlampen in einer Kirche etwa sollen Licht spenden, wie es das Tageslicht täte.

Bestimmtes Licht ist in der Lage, bestimmte Zeichen aus dem Zusammenhang hervorzuheben oder gar zu isolieren. In römisch-katholischen Kirchen etwa bezeichnet das sogenannte „ewige Licht"

den Standort des Tabernakels und hebt diesen Ort damit hervor. Wenn vorzeitliche Kultstätten so angelegt sind, dass das Sonnenlicht nur zu speziellen Zeiten (etwa zur Frühlings- und Herbst-Tag-und-Nacht-Gleiche) besondere Stellen der Anlage erleuchtet, so wird diesen Stellen damit eine herausragende Bedeutung verliehen.

Natürliches Licht bezeichnet immer auch bestimmte Jahres- und Tageszeiten. Je nachdem, wo Sonne, Sterne oder Mond am Himmel stehen und in welcher Intensität sie leuchten, wird damit bezeichnet, ob es morgens, mittags, abends oder nachts ist, ob Frühling, Sommer, Herbst oder Winter.

Wird ein Akteur von Licht in besonderer Weise beleuchtet – sei es durch Kerzenlicht, durch Fackeln, durch elektrisch erzeugtes Licht oder indem er so steht, dass Sonnen- oder Mondlicht ihn in besonderer Weise erhellt, werden diesem Akteur dadurch weitere, meist besondere Bedeutungen zugewiesen.

Licht – sowohl natürliches als auch durch Menschen verursachtes Licht – schafft an Orten Atmosphären, und zwar in Abhängigkeit kultureller Konventionen: Mondlicht etwa bezeichnet in unserem Kulturkreis oftmals mystische oder auch romantische Atmosphären.

3.2 Nonverbale akkustische Zeichen

Zu den nonverbalen akkustischen Zeichen gehören alle Laute – seien sie von Menschen verursacht oder nicht – die zwar zu hören, aber nicht verbal zu verstehen sind. Hierzu gehören zum einen Geräusche, zum anderen Musik.

Alle Geräusche bezeichnen die Umgebung, der sie entstammen. Zirpende Insekten und das Rascheln der Blätter verweisen auf eine naturnahe Umgebung und auf eine bestimmte Tages- oder sogar Jahreszeit. Auch von Menschen verursachte Geräusche – das Dröhnen schwerer Stiefel, das Rascheln einer Buchseite, die umgeschlagen wird – sind Zeichen auf die Umgebung.

Zuweilen verweisen Geräusche auch auf „nicht-leibbezogene" Akteure und ihr Handeln, zu denken ist etwa an Geister, Götter oder Engelwesen, die von Gläubigen in spezifischen akustischen Mustern erkannt werden.

Schließlich lassen sich Geräusche auch als Zeichen dafür verstehen, wie nah oder intensiv das Geräusch oder ein Geschehnis stattfindet: Laute Geräusche (Zeichen mit hohem Energieniveau) deuten auf große Nähe oder Intensität dessen hin, was sie verursacht.

Bei Musik, die an einem heiligen Ort oder einem Kraftort gespielt oder abgespielt wird, kann die Art der Musik auf mancherlei hinweisen, etwa auf die Jahreszeit oder den Anlass eines Rituals.

Musik kann weiterhin bestimmte Stimmungen und Emotionen bedeuten oder evozieren, kann als Eigenzweck (etwa im Rahmen eines Konzertes an einem solchen Ort) oder als begleitendes Zeichen (z.B. zur Untermalung) verstanden werden und verweist stets auf ihre unmittelbaren (in diesem Fall

anwesenden) Erzeuger bzw. auf ihre mittelbaren Verursacher (für den Fall, dass gespeicherte Musik zum Einsatz kommt).

3.3 Paralinguistische Zeichen der Akteure

Paralinguistische Zeichen der Akteure sind jene Zeichen, die von Akteuren bei verbalen Äußerungen erzeugt werden, die aber nicht selbst verbal expliziert werden. Zu solchen paralinguistischen Zeichen gehören die Tonhöhe des Gesagten, Tonstärke, Dauer, Artikulation, Betonung, Rhythmus, Resonanz und Tempo. Diese Zeichen verweisen auf Stimmungen und Gefühle, Haltungen und Einstellungen der Akteure. Paralinguistische Zeichen sind stets akustische, transitorische und akteursbezogene Zeichen.

3.4 Kinesische Zeichen der Akteure

Bei kinesischen Zeichen geht es um das Bewegungsverhalten von Akteuren im Kontext kommunikativen Handelns. Solche kinesischen Zeichen sind stets visuelle, transitorische und akteursbezogene Zeichen. Hierzu zählen mimische Zeichen des Gesichts (die meist Gefühle bedeuten, etwa Angst, Traurigkeit, Schmerz, Freude etc.), gestische Zeichen (Bewegungen der Hände, der Arme, der Beine und Füße in Relation zu stehender, sitzender, liegender oder gehender Haltung usw.) und proxemische Zeichen, die auf Abstände zwischen Akteuren, Requisiten und dem Raum verweisen (wobei diese Abstände wiederum veränderbar sind) und denen daher Bedeutung zukommt.

3.5 Erscheinen der Akteure als Zeichen

Auch das Erscheinen eines Akteurs, also die Gestaltung seines Gesichts (etwa durch Schminke, Piercings, Tattoos etc.), seiner Frisur (die sich von einer zu anderen Zeiten und an anderen Orten getragenen Frisur unterscheiden kann) und seiner Kleidung – hierbei handelt es sich um visuelle und akteursbezogene Zeichen – hat Bedeutung. Solche Zeichen können auf bestimmte hierarchische Strukturen aufmerksam machen, auf bestimmte (anti-)konventionelle Bedeutungen, die dadurch kommuniziert werden sollen, auf göttliche Einwirkungen usw.

3.6 Ensemble der Versammelten als Zeichen

Schließlich kann auch das Ensemble der Versammelten als Zeichen für sich verstanden werden. Zu fragen wäre z.B. nach der Anzahl der Anwesenden, nach der Genderverteilung, nach Alter, Milieu oder nach Zugehörigkeit zu einer bestimmten Gruppe oder Sozialform.

Zugleich wäre zu untersuchen, inwiefern es sich bei diesem Ensemble um Akteure, um Publikum oder um beides zugleich oder nacheinander handelt, welche Rollen also jeweils vom Ensemble der Versammelten oder von Teilen davon eingenommen werden.

Im Blick auf jene, die aktiv sind (in welcher Weise auch immer) kann schließlich noch untersucht werden, ob diese Aktivität präsent ist oder im Hintergrund stattfindet.

4. Zusammenfassung

Es zeigt sich: Vielfältige Ansätze sind möglich und notwendig, um heilige Orte und Kraftorte zu untersuchen. Die Frage, die sich stellt, lautet: Wie ist bei der Analyse eines solchen Ortes konkret vorzugehen? Auf der Grundlage des bisher Erörterten können fünf Fragenkomplexe identifiziert werden:

1. Aus „ontologischer Sicht": Die Frage nach nativen Erzählungen des Außergewöhnlichen in Relation zum Ort, nach der Umgrenzung und nach der Verortung eines heiligen Ortes in der kulturell konstituierten Umgebung (z.B. im Zentrum der wahrgenommenen Welt, am Rand oder jenseits davon).
2. Aus „kultureller Sicht": Die Frage nach Riten und Symbolen und nach konkurrierenden Ansprüchen auf den Ort im Wandel der Geschichte.
3. Aus „phänomenologischer Sicht": Die Frage nach den Möglichkeiten des Ortes, nach seinen Deutungsangeboten und nach seinen sechs „Momenten" im Austausch zwischen Landschaft/Ort und Subjekt.
4. Aus „poetischer Sicht": Die Frage nach den Erzählungen über einen Ort und danach, wie der Ort seinerseits die Menschen deutet.
5. Aus Sicht der Aufführungsanalyse: Die Frage nach den Zeichen des Ortes und ihren Bedeutungen.

Teil 2: Die Untersuchung situativer heiliger Orte

Im Folgenden geht es darum, das Phänomen nicht durativ ortsgebundener heiliger Orte zu untersuchen. Dazu werden Erfahrungsberichte ausgewertet, die nach sogenannten „Straßenexerzitien" entstanden sind und die von Erfahrungen an bzw. mit situativen heiligen Orten berichten.

5. Was sind Straßenexerzitien?

Die sogenannten „Exerzitien auf der Straße" sind eine Weiterentwicklung bzw. eine Adaption der ignatianischen Exerzitien (die auf Ignatius von Loyola zurückgehen) an die heutige Lebenswelt.[12]

---

12 Vgl. Christian Herwatz, Auf nackten Sohlen – Exerzitien auf der Straße, in: Ignatianische Impulse 18, Würzburg, 2006; ders., Brennende Gegenwart – Exerzitien auf der Straße, Ignatianische Impulse 51, Würzburg, 2011; Christoph Albrecht, Den Unterdrückten eine Stimme geben. Das Lebenszeugnis von P.Luis Espinal SJ – Impulse für

Das Grundgerüst dieser Straßenexerzitien lautet: Zehn Männer und Frauen kommen für zehn Tage zusammen, wohnen gemeinsam in spartanischen bzw. ärmlichen Verhältnissen (z.B. in einer Notunterkunft für Obdachlose) und halten sich tagsüber auf den Straßen und Plätzen der Stadt auf. Sie „suchen nach Orten, an denen sie merken, dass ihre Interessen, ihre Gefühle, ihre Sehnsüchte angesprochen werden. Dort bleiben sie stehen [...] und üben sich in Aufmerksamkeit: Sie meditieren, beten, versuchen vor ihren Ängsten nicht zu fliehen, werden ansprechbar."[13]

Als grundlegende biblische Geschichte wird den Teilnehmenden für die Straßenexerzitien die Erzählung vom brennenden Dornbusch mit auf den Weg gegeben, in der Mose anlässlich der Begegnung mit Gott seine Schuhe auf heiligem Boden auszieht:

„Schuhe ausziehen - dieses Bild ist einer biblischen Geschichte des 2. Buch Mose entnommen: Mose, ein Ziegenhirt in der Wüste Sinai, sieht mitten in seinem Alltag etwas Ungewöhnliches - ein Dornbusch brennt und verbrennt doch nicht.

Er wird neugierig und will sich das Geschehen aus der Nähe ansehen.

Er läuft zu dem Dornbusch.

Da hört er eine Stimme, die ihm sagt: Zieh deine Schuhe aus! Du stehst auf heiligem Boden, weil das Leben, die Ursehnsucht, die fundamentale Vitalität, das von dir nicht Gewusste, weil Gott mit dir hier sprechen will.

Mose hört nun neu von der Versklavung seines Volkes und damit auch von seiner eigenen verdrängten Not und wie ihm eine wichtige Rolle auf dem Weg der Befreiung zugedacht ist.

Mose wehrt sich und fragt:

Wie heißt du? Er bekommt eine Antwort.

Er wehrt sich weiter gegen die ihm zugedachte Aufgabe.

Doch dann geht er los[.]

Die Schuhe ausziehen ist ein Bild für die Bereitschaft, mit Respekt zuzuhören. Die – bei Stiefeln auch wehrhafte – Distanz der Schuhe wird abgelegt, auch der Dünkel die besseren oder schöneren Schuhe zu haben. Die oft dornige Realität wird mit den nackten Füßen berührt, um darin die eigenen Verletzungen und Biestigkeiten, die eigenen und fremden Sehnsüchte und die Wege zu einem erfüllten Leben zu suchen.

Die Schuhe auszuziehen ist der Beginn, mitten in der Welt der Meinungen und Vorurteile neu in ein Nichtwissen zu treten, respektvoller zu werden vor der Wirklichkeit und den Menschen in ihr – auch gegenüber der eigenen Geschichte und Zukunft; kurz: neu zu hören, zu sehen, zu riechen, zu tasten an dem 'heiliggewordenen' Ort der Aufmerksamkeit."[14]

---

eine prophetische Kirche in einer ökonomisch globalisierten Apartheidgesellschaft, Luzern, 2005.
13 http://www.con-spiration.de/exerzitien/index.htm#einladung, Stand: 18.7.2012.
14 http://www.con-spiration.de/exerzitien/index.htm#einladung, Stand: 18.7.2012.

An anderer Stelle wird der Gedanke des Schuhe-Ausziehens von Christian Herwartz noch weiter ausgeführt: „Wage es, die hochhackigen Schuhe, in denen man so leicht auf andere herabsehen kann, auszuziehen. Oder die Turnschuhe, mit denen man so schnell die Flucht vor einer bestimmten Situation ergreifen kann. Oder die bunten Schuhe der Eitelkeit."[15]
Am Ende des Tages wird das Erlebte dann – nach gemeinsamer Mahlzeit und gemeinschaftlichem Gottesdienst – besprochen: Die Teilnehmenden erzählen „von ihren Wegen, ihrem Suchen, ihrem Stehenbleiben, ihrem langsamen Nähern an die Orte, die sie persönlich als wichtig, als aufwühlend, als ihnen heilig erfahren haben. Und auch von den entdeckten Schwierigkeiten, den Ängsten, den Dornbüschen in ihrem Leben erzählen sie. Dabei werden sie aufmerksam begleitet, um selbst deutlicher zu erkennen, wohin sie geführt werden." (Die Begleitung der Teilnehmenden wird jeweils von einer Frau und einem Mann aus der Einladungsgruppe übernommen.)[16]

Bei der Analyse dieser Erläuterungen wird deutlich, dass im Zuge der Vorbereitung der Teilnehmenden auf die Straßenexerzitien unterschiedliche Elemente intoniert werden: (1.) Elemente der traditionellen Buße (man denke an das Eingeständnis der eigenen Verfehlungen, an die genannten „Biestigkeiten" und die eigene „Eitelkeit"), (2.) Elemente der Introspektion (das Bewusstmachen der eigenen Distanz zu anderen Menschen, der eigenen „Verletzungen" und „Sehnsüchte", des eigenen Fluchtimpulses angesichts unangenehmer Situationen), (3.) theologische Elemente im engeren Sinne (es kommen Topoi wie „Sklaverei" und „Gefangenschaft" zur Sprache) und (4.) kommunikative Elemente („neu zu hören, zu sehen, zu riechen, zu tasten").
Durch diese Elemente wird in der intensiven Beschäftigung mit der Geschichte vom brennenden Dornbusch und mit deren Interpretation am Anfang der Straßenexerzitien ein eindrückliches Erlebnismuster für die Teilnehmenden bereitgestellt, das offenbar (wenn man die Erlebnisberichte anschaut, s.u.) dazu geeignet ist, entsprechende Erfahrungen mit dem Heiligen und der Selbsterkenntnis in der Begegnung mit anderen Menschen zu evozieren – gerade im Kontext eines Settings, das auf die Entsagung vom üblichen Komfort abzielt und die Teilnehmenden dadurch in eine Extremsituation versetzt.
Dabei wird deutlich, dass sich Straßenexerzitien als Rituale begreifen lassen, die auf Elemente liminaler (Arnold van Gennep[17]) und liminoider Rituale (Victor Turner[18]) zurückgreifen: Eine Gruppe Gleichgesinnter wird für eine begrenzte Zeit (zehn Tage) von ihrem sonstigen sozialen Umfeld isoliert. Die Teilnehmenden besitzen in dieser Zeit nicht zwangsläufig ihre üblichen gesellschaftlichen Merkmale (ein Priester etwa tritt während der Exerzitien womöglich nicht nach

---

15 http://www.con-spiration.de/exerzitien/dateien/berichte.html#25, Stand: 19.7.2912.
16 http://www.con-spiration.de/exerzitien/index.htm#einladung, Stand: 18.7.2012.
17 Arnold van Gennep, Übergangsriten, Frankfurt a.M., 2005.
18 Victor Turner, Das Liminale und das Liminoide in Spiel, „Fluß" und Ritual. Ein Essay zur vergleichenden Symbologie, in: Turner, Victor, Vom Ritual zum Theater. Der Ernst menschlichen Spiels, Frankfurt a.M., 1995, 28-94.

außen erkennbar als Priester auf). Nach Abschluss der Straßenexerzitien erfolgt die Wiedereingliederung in das gewohnte Umfeld – auch wenn im Gegensatz zu liminalen Ritualen, wie sie in der Ethnologie beschrieben werden, den Teilnehmenden der Exerzitien danach kein neuer sozialer Status zukommt.

Aber auch Elemente liminoider Rituale lassen sich beobachten: Alle Teilnehmenden entscheiden sich *freiwillig* für die Straßenexerzitien, zudem haftet den Straßenexerzitien etwas durchaus *Experimentelles* an: Man „probiert es aus", um Erfahrungen zu sammeln. Ob allerdings auch der Aspekt der *Unterhaltung* für die Teilnehmenden von Straßenexerzitien eine Relevanz hat, muss offen bleiben.

Exkurs: Die Stadt als heilige Landschaft in der europäischen Tradition

Die hier beschriebenen Straßenexerzitien finden stets in einem städtischen Kontext statt. Mitten im quirligen Alltag geht es darum, für die Begegnung mit Menschen und mit dem Heiligen offen zu werden; und gerade in der Stadt sind Erfahrungen im Umgang mit Obdachlosen, Gefangenen, Drogenabhängigen – und darauf zielen die Straßenexerzitien ja bewusst ab – möglich.

Der britische Theologe Philip Sheldrake, der sich u.a. mit Fragen christlicher Spiritualität befasst hat, hat in einem Aufsatz[19] von 2007 darauf hingewiesen, dass die Stadt in der europäischen Tradition seit alters her auch als heilige Landschaft verstanden werden kann.

1. Die mittelalterliche Kathedrale als Evokation des Paradieses

Sheldrake weist etwa auf den Entstehungshintergrund der gotischen Kathedralen hin: War das „Heilige" zuvor eher in ländlichen, klösterlichen Gemeinschaften verortet worden, verschiebt sich dessen Wahrnehmung nun ins Zentrum der aufstrebenden Städte und verdichtet sich in den städtischen Kathedralen. Gleichzeitig verändern sich die relevanten Imaginationen des Paradieses: Weg vom „Garten Eden" und seinem ländlichen Paradigma, hin zum „neuen Jerusalem" als einer städtischen Leitvorstellung.

In der mittelalterlichen Stadt wurde das Paradies also gewissermaßen symbolisch in der Kathedrale evoziert und auf die Erde gebracht. Wer eine Kathedrale betrat, betrat zugleich einen transzendentalen Raum. Damit war die Kathedrale eine „städtische Ikone" und zugleich ein „utopischer" Ort – auch wenn sich darin natürlich gesellschaftliche und soziale Hierarchien dieser Zeit abbildeten. (247)

2. Zwischen Lokalisierbarkeit und Nicht-Lokalisierbarkeit

Sheldrake betont außerdem die ambivalente Natur lokalisierbarer heiliger Orte. Einerseits seien Kirchengebäude spirituelle und theologische Symbolkomplexe, die die Eigenschaft hätten,

---

19 Philip Sheldrake, Placing the Sacred: Transcendence and the City, in: Literatur & Theology, Vol. 21, No. 3, 2007, 243-258.

spirituelle Erfahrungen zu formen und Erfahrungen mit dem Heiligen zu lokalisieren. Andererseits – und hier greift er auf Gedanken des französischen (inzwischen emeritierten) Erzbischofs von Poitiers, Albert Rouet[20], zurück – hält er fest: Das Christentum begann mit einem leeren Grab. Der grundlegendste heilige Ort des Christentums ist damit durch eine Leerstelle gekennzeichnet. Für Christen sei das Heilige dementsprechend immer auch in den Menschen und in ihrem Alltag verkörpert, es „zerstreue" sich gleichsam. In dieser Spannung befindet sich jede christliche Rede von heiligen Orten. Daher verleugne sich jeder heilige Ort im Christentum selbst in gewisser Weise. „Sacred space is that of God's nomads. This itinerancy is an important characeristic of those who seek God, of those who are members of the People of God." (247f.)

Hier zeigt sich, dass die Suche nach heiligen Orten in der Begegnung mit Menschen, wie sie in den Straßenexerzitien unternommen wird, ein durchaus altes christliches Motiv aufnimmt: Gott zu finden setze die Bereitschaft des Umherwanderns voraus; die Bereitschaft, Gott außerhalb durativ lokalisierbarer heiliger Orte zu suchen.

3. Die Stadt als heilige Landschaft

Wenn nicht nur Kathedralen in einigen christlichen Traditionen als heilige Orte galten und gelten, sondern das Heilige nach christlichem Verständnis auch im Umherwandern zu finden ist, dann ist es nicht überraschend, dass in der Geschichte der europäischen Städte auch die Straßen so etwas wie eine „heilige Landschaft" bildeten und bilden: Es gibt kaum eine europäische Stadt, in der nicht an unzähligen Straßenecken und in zahllosen kleinen Nischen christliche religiöse Heiligtümer zu finden sind: Marienstatuen an Hauswänden, Heiligenfiguren auf kleinen Podesten usw.

Aber auch die Stadt als Ganze konnte als heilige Landschaft begriffen werden. Es ist kein Zufall, dass in mittelalterlichen Städten die Eucharistie oftmals öffentlich auf Straßen und Plätzen gefeiert wurde, dass Mysterienspiele und Heiligenprozessionen öffentlich aufgeführt wurden. Zuweilen wurde das himmlische Jerusalem gar als Modell für irdische Städte herangezogen (so in den Statuten der Stadt Florenz aus dem Jahr 1339). Und die großen Piazzas italienischer Städte waren dem Umstand geschuldet, dass berühmte Prediger der damals bekannten Predigerorden viele Menschen anzogen, dass Predigt-Kirchen sich zu großen Plätzen hin öffneten, um vielen Menschen die Möglichkeit zu geben, an den Feierlichkeiten partizipieren zu können.

Mit der protestantischen Reformation wurde das Heilige bzw. die Verortung des Heiligen dann wieder enger auf die Gemeinschaft der Gläubigen bezogen, und konkrete heilige Orte verloren als Medien der Vermittlung zwischen Gott und Menschen an Relevanz. Damit begann zugleich der Rückzug des Religiösen aus öffentlichen Orten und aus der öffentlichen Wahrnehmung. (248f.)

Auch im Blick auf diesen Aspekt zeigt sich die große Nähe der Straßenexerzitien zu früheren spirituellen städtischen Konzeptionen. Auch hier werden Straßen und Plätze als Medien der

---
20 Albert Rouet, Liturgy and the Arts, Collegewille, 1997, 95 und 105.

religiösen Erfahrung wahrgenommen, auch hier gilt die Stadt in gewisser Weise als „heilige Landschaft".

4. Raumtheorien der modernen Stadt

In seiner kritischen Reaktion auf die städteplanerischen Konzepte von Le Corbusier (1887-1956) hat der katholische Soziologe und Kulturphilosoph Michel de Certeau (1925-1986) (der übrigens ebenso wie die Begründer der Straßenexerzitien Jesuit war) darauf hingewiesen, dass moderne Raumtheorien oftmals totalitär seien, indem sie den Menschen einer Stadt vorschreiben würden, was an welchem Ort zu sein habe und zu tun sei. De Certau wiederum verwies auf die Macht der Erzählung, um Umgebungen zu formen und zu verändern. Eine Stadt werde nicht nur durch Architektur und Stadtplanung brauchbar, sondern auch durch die Geschichten, die sich Menschen von der Stadt erzählen. (249ff.)

Damit wird aber auch deutlich, in welche moderne Raumtheorie bzw. welche Tradition der Wahrnehmung des Raumes sich die Straßenexerzitien einzeichnen: Auch hier nehmen die Geschichten, die die Teilnehmenden sich von der Stadt machen, indem sie sich am Abend ihre Erlebnisse erzählen, eine wichtige Stellung ein. Es sind Geschichten, die die Stadt, in der die Exerzitien stattfinden, erst „verwendbar" machen.

5. Ergebnis des Exkurses

Der Exkurs hat deutlich gemacht, dass das Konzept der Straßenexerzitien in der langen europäischen Tradition christlich-städtischer Spiritualität steht. Dabei werden die Straßenexerzitien sowohl dem Aspekt der Lokalisierbarkeit als auch dem der Nicht-Lokalisierbarkeit des Heiligen gerecht. Indem auch Straßen und Plätze als heilig erfahren werden, gerät die Stadt insgesamt als heilige Landschaft in den Blick, in der die Teilnehmenden Erfahrungen machen, die sich im Austausch zu lebensfördernden Geschichten verdichten. Zugleich bilden die Straßenexerzitien ein gut an die heutige Lebenswelt angepasstes spirituelles Angebot, insofern als sie zentrale Elemente liminoider Rituale der Industriegesellschaft (Freiwilligkeit, Experimentierfreudigkeit) integrieren.

6. Erfahrungsberichte über Straßenexerzitien

Was können wir also über situative (nicht dauerhaft lokalisierte) heilige Orte sagen? Um diese Frage zu beantworten, werden wir im Folgenden Erfahrungsberichte analysieren, die von Teilnehmenden an Straßenexerzitien verfasst wurden.

Dabei kommt uns der Umstand zugute, dass es im Internet eine Sammlung solcher Erfahrungsberichte gibt (inklusive der Namen der Verfasser und Verfasserinnen), auf die wir hier zurückgreifen können.[21]

---

21 http://www.con-spiration.de/exerzitien/dateien/berichte.html, Stand: 20.6.2012)

Dabei handelt es sich um insgesamt 32 Beiträge aus dem Zeitraum zwischen 2001 und 2012, was darauf hinweist, dass es sich bei den Straßenexerzitien nicht nur um ein kurz- oder mittelfristiges Phänomen aus der Zeit der Jahrtausendwende handelt. Von den insgesamt 32 Beiträgen handelt es sich bei 26 um persönliche Erfahrungsberichte aus Sicht der Teilnehmenden (bei den anderen Beiträgen handelt es sich eher um Reflexionen auf die Methode selbst oder um Beiträge von Begleitenden).

Von diesen 26 persönlichen Erfahrungsberichten wurden 19 von Frauen geschrieben, nur sieben von Männern; uns wird also eine überwiegend weiblich geprägte Perspektive auf die Straßenexerzitien vor Augen geführt.

Insgesamt überwiegen Berichte, die von Erfahrungen in großstädtischen Kontexten erzählen: Es sind 14 Erfahrungsberichte aus Berlin dabei, fünf aus Nürnberg, zwei aus Duisburg, je einer aus Brüssel, Stuttgart, Rostock und Siegburg und einer aus einer nicht benannten Stadt.

Weiterhin zeigt sich, dass ein Großteil der Berichte von „religiösen Profis" mit profunden Bibel- und Theologiekenntnissen verfasst wurde: Zehn der Berichte stammen von eindeutig als solchen ausgewiesenen katholischen Ordensleuten, einer von einer evangelischen Pastorin.

Von den Beiträgen wurden fünf erkennbar auch an anderer Stelle veröffentlicht (in gedruckten Publikationen), was darauf hinweist, dass die bei den Straßenexerzitien gemachten Erfahrugen zur Publikation drängen, dass sie mitgeteilt werden wollen.

Die meisten Beiträge sind dabei mit Vor- und Nachnamen gekennzeichnet, also recht eindeutig zuzuordnen. Das könnte auf eine große Bereitschaft hinweisen, das Erlebte persönlich zu bezeugen; jedenfalls besteht bei den Teilnehmenden, die hier zu Wort kommen, kein Hang zur Anonymität.

In den 26 persönlichen Erfahrungsberichten kommen insgesamt elf Orte vor, die von den Verfassern und Verfasserinnen als „heilig" bezeichnet werden. Dreimal wird ein Gefängnis erwähnt, je einmal folgende Orte: eine Suppenküche, ein Grabmal, ein Park, ein Restaurant, ein Kinderspielplatz, eine Gedenkstätte des Widerstandes, ein ausgebranntes Haus und die Wohngemeinschaft der Exerzitien. Aufgrund der relativ kleinen Zahl der Erfahrungsberichte kommt eine quantitative Auswertung nicht in Frage. Statt dessen sollen sie im Folgenden qualitativ ausgewertet werden (mit Hilfe des im ersten Teil vorgestellten Instrumentariums).

7. *Erzählungen von heiligen Orten in Erfahrungsberichten von Straßenexerzitien*

Um das Textmaterial zu ordnen, werden die jeweils relevanten Erzählpassagen im Folgenden nach heiligen Orten sortiert, auszugsweise wiedergegeben und ausgewertet.

7.1 Ein Gefängnis als heiliger Ort

Insgesamt dreimal – und damit am häufigsten – berichten die Teilnehmende der Straßenexerzitien davon, dass ein Gefängnis von ihnen als heiliger Ort oder heiliger Boden wahrgenommen wurde.

7.1.1 Die JVA Nürnberg (2x)

Die JVA Nürnberg taucht in zwei verschiedenen Erlebnisberichten als heiliger Ort auf. Zunächst werten wir den Berich des Ordensmannes Joseph Mumbere Musanga aus. Er wurde von einem anderen Teilnehmer seiner Austauschgruppe gebeten, für ihn einen (ihm selbst unbekannten) Mann im Gefängnis zu besuchen.

„Ich war nun aufgeregt. Ich kam hinein ohne Problem, alle so stark zugeriegelte Tore des Gefängnisses schienen, als ob sie sich vor mir so einfach auftun. Niemand fragte mich, warum ich Frank besuche, ob ich ihn kenne... Alles ging so glatt, als ob dieser Ort kein Gefängnis wäre. [...] Ich kam in den Raum hinein und schaute nach jemandem, der allein saß. Ich ging zu ihm und fragte, ob er Frank sei. Er sagte Ja. Ich stellte mich vor, dass ich gekommen bin, um ihn zu besuchen. Er war schockiert, er konnte es nicht fassen. Unsere Begegnung war für ihn und auch für mich ein Schock. Er konnte am Anfang nicht fassen, so einen Besuch von einem unbekannten schwarzen Mann zu kriegen. Er konnte es nicht fassen und hat gemerkt, dass mir auch die Worte fehlten, um ihm zu erklären, wie es zustande gekommen ist, dass ich zu ihm auf Besuch komme. Er hat mich total erstaunt angeschaut und gefragt, wie ich zu seinem Namen gekommen bin, und warum wollte ich dich besuchen. Ich wusste nicht, was ich ihm sagen sollte. Er hat oft nur gesagt 'das ist Wahnsinn; es ist nicht zu fassen'. Es kam mir nur den Gedanken, ihn zu fragen, an wen er gedacht hat, als die Behörde ihm ankündigte, dass er einen Besuch hat. Ich schien ruhiger zu werden. Ich war auch innerlich ruhiger geworden. Er hat mir geantwortet, dass er gedacht hat, dass es seine Freundin sein könnte, die heute Geburtstag hat, oder dass es seine ehemalige Frau mit seiner Tochter sein könnte. Wir blieben einige Minuten in Stille. Es war so schwierig für mich weiter zu fragen. Ich war vor ihm wortlos.
Nach einigen Minuten Stille kam mir die Idee, ihn zu fragen, was aus seiner Erfahrung am wichtigsten für einen Menschen im Gefängnis sein sollte. Ich merkte, dass er mir langsam Vertrauen schenkte, dass er mir gegenüber ganz sanft geworden war. So antwortete er mir, dass es die Liebe sei. Denn es ist für ihn nur die Liebe seiner neuen Freundin, die ihm Kraft gibt, so dass er die 8 Monate, die er noch im Knast verbringen muss, voller Hoffnung erwartet, dass sie schnell vorübergehen. Er erzählte mir, dass er, wenn er draußen ist, einfach versuchen wird, lieben zu lernen. Ich war wieder wortlos. Was könnte ich noch fragen, nachdem ich im Knast nicht von Hass sondern von Liebe mit einem Gefangenen sprach. Er fragte mich nach Zigaretten. Ich hatte leider voller Aufregung vergessen, die Euro Münze mitzunehmen. Ich konnte ihm keine Zigarette schenken, weil ich nur drei Euros Münzen mit mir hatte und nicht vier, um Zigaretten im Gefängnis zu kaufen. Das hat mir sehr Leid getan. Er hat mich beruhig, die Hand gereicht und gesagt: 'es macht nichts!' Die letzte Frage, die ich ihm stellte, war, ob er noch Besuch bekommen kann. Er sagte mir, dass man nur einmal im Monat Besuch kriegen kann. Da ich bei ihm im August war, kann er erst im September einen neuen Besuch bekommen. Nach seiner Antwort, war die Zeit schon um. Ich musste Frank verlassen: ich sollte in die so genannte 'Freiheit' zurückkehren und Frank musste in seine Zelle.
Als ich hinaus war, hatte ich ein unbeschreibliches Gefühl. Ich dachte, dass ich Frank einen Brief schreiben soll, über dieses unbeschreibliche Gefühl. Im Zentrum des Briefes waren die Fragen an Frank, die ich ihm nicht stellen konnte, nachdem er mir von Liebe gesprochen hat. Ich schrieb: 'Ja, Frank, sag mir, was ist Liebe, wenn man da drinnen im Knast seit zwei Jahre lebt und nur von

dicken Mauern umringt ist. Was heißt Liebe, wenn man nur als eine Nummer von den Behörden behandelt wird. Was bedeutet Liebe, wenn man nur ein Mal im Monat einen Besuch kriegen darf. Was heißt Liebe, wenn man kein Mitleid und Vergebung erfahren kann. Dass du an so einem Ort, immer noch von Liebe sprichst und daran glaubst, ist für mich ein wirkliches Wunder.'
Ja, das ist das Wunder meiner Straßenexerzitien. An einem Ort der Unwürde, wo 'der menschliche Dreck der Gesellschaft' wie in einen Müllheimer gestopft wird, wo sich, meiner Meinung nach, nur Hass im Herzen eines Menschen entwickeln kann, dort habe ich von Liebe gesprochen. Von der Hoffnung besser lieben zu lernen. Sagt mir, ob das nicht das Evangelium Jesu ist. Sagt mir, ob das nicht die Zusammenfassung der theologischen Tugenden: Glaube, Hoffnung und Liebe ist. Ja, sagt mir, ob die Begegnung mit Frank, die JVA Nürnberg nicht zum heiligen Boden für mich geworden ist. Ja, dort musste ich die Schuhe ausziehen, die Schuhe der Vorurteile und das Urteilen über Mitmenschen."

Der Erzähler besucht einen ihm unbekannten Insassen der Nürnberger JVA auf die Bitte eines anderen hin, dem dieser Besuch selbst nicht möglich ist. Die Begegnung mit „Frank" ist für beide (für den Erzähler und für Frank) ein „Schock", ist für beide unangenehm, macht beide sprachlos. Nur mühsam treten beide in eine Kommunikation ein.

Das Gefängnis selbst kann als Heterotopie verstanden werden. Dabei handelt es sich um einen Begriff des französischen Philosophen Michel Foucault. Heterotopien sind „wirkliche Orte, wirksame Orte, die in die Einrichtung der Gesellschaft hineingezeichnet sind, sozusagen Gegenplatzierungen oder Widerlager, tatsächlich realisierte Utopien, in denen die wirklichen Plätze innerhalb der Kultur gleichzeitig repräsentiert, bestritten und gewendet sind, gewissermaßen Orte außerhalb aller Orte, wiewohl sie tatsächlich geortet werden können"[22]

Das Gefängnis ist ein Ort am Rande der Gesellschaft, der in der Regel sehr negativ und konflikthaft besetzt ist, der für den Verlust der Freiheit, für Strafe, Einschränkung, Verbrechen und Schuld steht. Es ist ein Ort, an dem die üblichen Orte der Gesellschaft „gleichzeitig repräsentiert, bestritten und gewendet" werden. Es ist – so kann man das Beispiel des Erzählers deuten – auch ein Ort der Sprachlosigkeit oder besser gesagt des Kommunikationsbruchs zwischen Außen und Innen.

Erst die Frage des Erzählers an Frank, „was aus seiner Erfahrung am wichtigsten [sic!] für einen Menschen im Gefängnis sein sollte" überwindet die Sprachlosigkeit zwischen beiden, so dass ein Gespräch in Gang kommt (und später gar noch in einem Brief fortgesetzt wird).

Die Antwort Franks mit dem Hinweis auf die Liebe eröffnet in dieser Situation eine zeitliche und räumliche transzendente Dimension: Die Liebe ermöglicht den Blick auf die Zeit nach der Strafe und sie überwindet die Mauern des Gefängnisses.

Diese Antwort wird vom Erzähler als „Wunder" gedeutet, als „Evangelium Jesu", das ihn selbst zutiefst berührt, ihn in Kontakt mit sich selbst bringt, das seine Perspektive über Schuld verändert und ihn das Gefühl von Ehrfurcht erleben lässt.

---

22 Michel Foucault, Andere Räume (1967), in: Karlheinz Barck (Hg.), Aisthesis. Wahrnehmung heute oder Perspektiven einer anderen Ästhetik, Leipzig, 1993, 39.

Wir haben es also hier mit einem Erlebnis zu tun, in dem die Heterotopie JVA situativ zu einem nicht durativ lokalisierbaren heiligen Ort wurde, weil sich dort ein Kommunikationsgeschehen ereignete, in dem der Erzähler mit einem anderen Menschen (Frank), mit sich selbst (seinen Gefühlen und Vorurteilen) und mit dem Heiligen („Wunder") in Kontakt kam.

Eine weitere Teilnehmerin an Straßenexerzitien, Brigitte Reeb, erzählt von ihren Erfahrungen mit der JVA Nürnberg:

„Ohne zu wissen wohin ich gehen soll, hab ich meinen Rucksack gepackt. Erst Wasser in Flaschen abgefüllt, dann hab ich mir gedacht, so jetzt nimmst du noch ein trockenes Brot mit, für den Fall, daß du Hunger bekommst. Plötzlich war für mich alles klar, so ganz einfach – Wasser und Brot bedeuten für mich Gefängnis.
Da ich völlig orientierungslos war und bin, hab ich Juan um Hilfe gebeten. Siehe da ich hatte verdammtes Glück, das Gefängnis ist direkt vor der Haustür. Er hat mir alles erklärt, mich in den Arm genommen und gesagt: 'Brigitte, geh deinen Weg.'
Dann bin ich losgezogen ohne zu wissen was ich dort überhaupt tun soll. Es war mir jedoch schnell klar, als ich diese Mauern, diese Begrenzungen sah. Das einzige was ich tun werde, ist um dieses Gefängnis zu laufen, immer an der Mauer entlang, rundherum, um ein klein wenig zu spüren wie es den Menschen dort drinnen geht, die sich auch nur in diesem begrenzten Raum aufhalten dürfen.
Tja, dann bin ich losgelaufen, immer im Kreis, vorbei an Überwachungskameras, an Arbeitern ... ewig lang. Auf einem [sic!] dieser Runden kam ich an einen Ausgang in Richtung Pegnitz vorbei. Die Tore gingen auf und ein Polizeiauto fuhr heraus. Erst wollte ich wegschauen, dann hab ich mich doch hingestellt und voll in dieses Auto gestarrt. Hinten saß ein Mann, der schaute mich an, direkt ins Gesicht und lächelte. Kein anzügliches, kein Grinsen, nein ein ganz freundliches Lächeln. Ich lächelte zurück, dann war mir klar, hier werde ich zum ersten Mal meine Schuhe auszuziehen, hier ist heiliger Boden. Mit dieser Gewißheit habe ich weiter meine Runden gedreht und dann zum Schluß – als ich nicht mehr gehen konnte - dort meine Schuhe ausgezogen. Hab mich voll in das Blickfeld der Überwachungskamera gestellt, ein Vater Unser gebetet und daraufhin ganz langsam meine Schuhe und Strümpfe ausgezogen. Anschließend bin ich unter längerer Verfolgung durch die Kamera ganz behutsam, barfuß ins Haus zurückgegangen. Wahnsinn!
Am nächsten Tag zog es mich wieder zum Gefängnis. Ich hab mich hingesetzt und ständig auf ein vergittertes Fenster gestarrt. Dort konnte ich jemanden erkennen. Es kam mir so der Gedanke, da oben ist ein Mensch, nicht ein Gefangener, ein Verbrecher, nein ein Mensch. Da müßte ich wieder meine Schuhe auszuziehen, die Schuhe der Ungleichheit. Ja, wir sind alles Menschen, ganz egal was auch immer wir für eine Lebensgeschichte in uns tragen."

Durch eine assoziative Verkettung (Wasser und Brot – Gefängnis) wird die Erzählerin dazu geführt, sich ihm Rahmen der Straßenexerzitien der JVA zuzuwenden. Nach anfänglicher Orientierungslosigkeit findet sie das Gefängnis – und angesichts der Mauern auch sofort einen persönlichen Zugang zu diesem Ort: Sie umrundet die Gefängnismauern zu Fuß, um den von ihr als begrenzt wahrgenommenen Raum zu erspüren, um zu verstehen, „wie es den Menschen dort drinnen geht". Die Erzählerin versucht also schon zu einem frühen Zeitpunkt eine (emotionale) Kontaktaufnahme mit den Insassen. (Zugleich muss man darauf hinweisen, dass die Interaktionsmöglichkeiten mit dem Ort „Gefängnis" für die meisten Menschen sehr begrenzt sind. Es bieten sich nicht sehr viel mehr Optionen an als jemanden dort zu besuchen oder sich außerhalb der Mauern aufzuhalten.)

Wer in der biblischen Erzähltradition bewandert ist, wird im Motiv des Umrundens der Mauern unschwer die Geschichte vom Fall Jerichos (Jos 6,4) wiedererkennen. Der Fall Jerichos wird in der biblischen Tradition u.a. als Zeichen des göttlichen Eingreifens verstanden. Wenn also die Erzählerin hier – bewusst oder unbewusst – ein biblisches Motiv zur Aufführung bringt, mag dahinter der Wunsch zu sehen sein, selbst eine göttliche Intervention oder eine Kontaktaufnahme mit Gott zu erleben.

Als die Gefängnistore wegen eines Gefangenentransportes aufgehen, kommt es zu einer ersten direkten Kontaktaufnahme zwischen der Erzählerin und einem Insassan: Beide tauschen ein Lächeln aus. Und genau in dieser Situation wird der Erzählerin deutlich, auf heiligem Boden zu stehen: An diesem Ort kommt es zu einem intensiven, für sie ungewöhnlichen Austausch mit einem fremden Menschen. Und als sie zum Schluss an diesen Ort zurück kehrt und dort ein Vaterunser betet, wird dieser Ort auch zum Ort des Kontaktes mit dem Heiligen, mit Gott selbst.

Auch den gelungenen Kontakt mit sich selbst, mit den eigenen Gefühlen und Vorurteilen, erlebt und schildert die Erzählerin: „da oben sitzt ein Mensch, nicht ein Gefangener, ein Verbrecher, nein ein Mensch. Da müßte ich wieder meine Schuhe ausziehen".

So kann das Gefängnis insofern als situativer, nicht durativ lokalisierbarer heiliger Ort verstanden werden, als an diesem Ort eine besondere Kontaktaufnahme mit einem anderen Menschen, mit sich selbst und mit Gott erfahren wurde.

Dabei ist der Ort des Geschehens selbst keinesfalls unwichtig. Gerade weil es sich um ein Gefängnis handelt, um einen konfliktbeladenen, emotional negativ besetzten Ort, der die Kontaktaufnahme in außerordentlicher Weise erschwert, birgt dieser Ort die Möglichkeit, ein heiliger Ort in der beschriebenen Weise zu sein.

7.1.2 Die JVA Duisburg

Der dritte Erlebnisbericht zum Gefängnis als heiliger Ort stammt von Manuela Knopp, die an Straßenexerzitien in Duisburg teilnahm.

„Mit dieser Bibelstelle [vom brennenden Dornbusch, Anm. d. Verf.] wurden wir losgeschickt auf die Straßen von Duisburg um unsere 'Heiligen Orte' zu suchen. Zu spüren wo brennt mein Dornbusch aus dem mich Gott beim Namen anspricht. Wo begegne ich Gott? Welcher Ort ist für mich heilig?"
„Von unseren Begleitern bekamen wir eine Liste mit möglichen heiligen Orten: Gefängnis, Obdachlosenheime, Babyklappe, Tafelladen, Hospiz, Amtsgericht, Arbeitsamt, Krankenhäuser, Marktplätze, Moschee, Synagoge, Kirchen, Bordelle, Mittagstische für Bedürftige ... . Man gab uns den Rat auch offen zu sagen was wir in Duisburg tun, oder Menschen zu fragen, wo wir Gott finden könnten.
Am ersten Tag meiner Suche nach meinem heiligen Ort, wusste ich: Für mich geht es zum Gefängnis. Ich setzte mich in die Straßenbahn und stellte fest, dass es davon zwei gab in Duisburg, in der Stadtmitte und beim Amtsgericht. Doch an beiden Stationen konnte ich mich nicht überwinden auszusteigen. So fuhr ich in einen abgelegenen Stadtteil und schaute mich dort etwas

um. Als ich an eine Haltestelle kam sagte eine Frau zu mir: 'Die Straßenbahn fährt um 11.16 Uhr. Sie hält auch an der JVA.' Ich sagte: 'Danke, da wollte ich hin! Ich weiß nur noch nicht zu welcher.' Da erzählte sie mir: 'Mein Freund sitzt darin und ich darf ihn nur alle zwei Wochen besuchen. Er fehlt mir. Aber was machst du da? Rein musste wohl nicht, oder?' Ich antwortete noch zaghaft: 'Ich möchte mir das ansehen!' 'Das geht nicht. Da kommt niemand nur so rein! Du bist schon komisch!' meinte sie. 'Ich suche aber Gott!' Da entstand eine lange Pause. Ich habe schon gedacht das Gespräch sei beendet als sie meinte: 'Gott in der JVA? Hmmm, dann geh mal zu der in der Innstadt. Da ist ein Pastor, vielleicht kann der dir helfen!' So war die JVA in der Innenstadt mein Ziel."

„Am Gefängnis, der JVA, setzte ich mich mit etwas Abstand vor die Mauer. Diese hohen Mauern waren sehr schwer auszuhalten. Ich kam nicht hinein und heraus kam auch niemand. Einmal kamen zwei Frauen, die einen Mann besuchen wollten. Sie wurden von irgendeiner anonymen Stimme aus der Sprechanlage abgewiesen. Der Mann dürfe keinen Besuch empfangen, er würde verlegt werden in eine andere JVA und er brauche nichts. In zwei Wochen sei Besuchszeit. Die Frauen ließen sich so leicht nicht abweisen und versuchten es wieder, ohne Erfolg. Sie schauten mich an, als ob ich ihnen helfen könnte. Doch ich war genauso ohnmächtig wie sie. Hier wurden mir die Schuhe ausgezogen.

Nach einigen Stunden des Sitzens spürte ich, hier ist Gott. Er ist vor der Mauer und teilt meine Ohnmacht. Er hielt mit mir aus. Er ist hinter der Mauer bei den Gefangenen und teilt deren Ohnmacht und Sehnsucht nach Freiheit. Dort vor der JVA hat für mich der Dornbusch gebrannt."

Zunächst wird an der Erzählung von Manuela Knopp noch einmal deutlich, dass bei dieser Form der Straßenexerzitien zu Beginn sehr klare Erlebnismuster angeboten werden und dass sogar „passende" Orte vorgeschlagen werden, um entsprechende Erfahrungen zu evorieren.

Ähnlich wie andere Teilnehmende an Straßenexerzitien erzählt auch Manuela Knopp, die Entscheidung für das Tagesziel nicht selbst getroffen zu haben, sondern in der Begegnung mit anderen Menschen zum Ziel – in diesem Fall zum Gefängnis in der Innenstadt – geführt worden zu sein. Dabei kommt im Gespräch mit der Frau, deren Freund dort einsitzt, der konflituöse Charakter dieses Ortes zum Ausdruck.

Am Gefängnis angekommen, lässt sich die Erzählerin schnell auf die vom Ort selbst vorgegebene Raumkonzeption ein und übernimmt die Rolle der passiven Beobachterin (weil sie auch nicht viele andere Option hat, insofern als sie weder Besucherin noch Wärterin noch Insassin ist): Sie setzt sich vor die Mauern, sieht zu, was geschieht (zwei weitere Frauen versuchen erfolglos, einen Mann zu besuchen), und zeigt dabei außerordentliche Geduld.

Nach Stunden des Sitzens kommt die Erzählerin zur Überzeugung der Gegenwart Gottes mit ihr. Es ist gerade die Erfahrung der eigenen Ohnmacht und der eigenen Passivität angesichts der Gefangenschaft anderer Menschen, die sie zur Gewissheit der Präsenz Gottes führt. Grundlegend – und daher nicht expliziert – ist dafür die kreuzestheologische Prämisse, dass Gott sich gerade in Ohnmacht und Schwachheit finden lässt. Gott wird von der Erzählerin als derjenige erkannt, der sowohl bei ihr selbst als auch bei den Insassen ist und darin die Kluft zwischen beiden überwindet. Gott selbst wird zur transzendenten Dimension in dieser Situation. Heilig ist dieser Ort in dieser Situation insofern als er die Kontaktaufnahme mit anderen Menschen, mit Gott und mit dem

eigenen Selbst (in diesem Fall mit der eigenen Ohnmacht) ermöglicht. Aber es handelt sich eben um einen nicht durativ lokalisierbaren heiligen Ort.

7.2 Eine Suppenküche als heiliger Ort

Sr. Klara Maria Breuer, SMMP (Schwestern der heiligen Maria Magdalena Postel, gegründet 1807) erzählt davon, wie sich eine Suppenküche in Berlin für sie als heiliger Ort erschloss:

„In der Suppenküche werde ich schließlich ganz konkret eingeladen. Martha, eine Frau von über 70 Jahren, spricht mich an, bittet mich, sich zu ihr zu setzen. Nach und nach geht mir das Geschenk dieser Begegnung auf. Nach dem Besuch der Suppenküche führt sie mich zu den Stationen ihres Alltags: dem Wohnungsamt, dem Bürgerpark, dem Kaffeetrinken für Senioren in der evangelischen Stadtmission. So öffnet sie mir den Weg, mit ihren Freunden und Freundinnen in Kontakt zu treten. Am dritten und vierten Tag bin ich in der Suppenküche fast schon eine 'alte Bekannte'. Ich fühle ein wenig von ihren Sorgen mit, weiß allmählich, was es heißt, sich in diese Schlange einzureihen. Ich bin dankbar für die warme Mahlzeit und das belegte Brot. Ich spüre: Dies ist ein 'heiliger' Ort."

Was Sr. Klara hier berichtet, lässt sich als Teilhabe am Leben von „Martha" (sie öffnet ihr „den Weg, mit ihren Freunden und Freundinnen in Kontakt zu treten"), als Empathie mit ihr (sie „fühle ein wenig von ihren Sorgen mit") und als wachsende Vertrautheit mit ihren Lebensumständen (sie „weiß allmählich, was es heißt, sich in diese Schlange einzureihen") verstehen.

Aus der Perspektive der Aufführungsanalyse könnte man sagen: Indem sich Sr. Klara in das Ensemble der Versammelten in der Suppenküche integriert – indem sie sich in die Warteschlange einreiht, mit an den Tischen isst und mit Martha in Kontakt tritt – geschieht das, was B. Lane meint, wenn er davon schreibt, dass der Ort „zurück spricht", dass er es ist, der die Menschen, die sich dort einfinden, deutet. Auch in der Textpassage von Sr. Klara wird dieser Aspekt deutlich, wenn sie schreibt: „Ich bin dankbar für die warme Mahlzeit und das belegte Brot." Es ist der Ort, der dieses Gefühl in ihr evoziert. Ihr ehrfürchtiges Gefühl fasst sie zusammen indem sie schreibt: „Ich spüre: Dies ist ein 'heiliger' Ort."

Auffälligerweise schreibt Sr. Klara im Kontext ihres Erlebnisses von diesem heiligen Ort nichts von einer Gottesbegegnung. Es ist statt dessen die Begegnung mit Martha und mit anderen Menschen – und dadurch provoziert auch die Begegnung mit ihren eigenen Gefühlen der Dankbarkeit und Ehrfurcht – die von ihr in der Wendung „heiliger Ort" zusammengefasst werden.

Bei der Suppenküche handelt es sich um einen für die Erzählerin situativ lokalisierbaren heiligen Ort. Das Eigentliche seiner Heiligkeit geschieht in der zwischenmenschlichen Begegnung – und doch lässt es sich vom Ort selbst nicht essentiell trennen, denn die dort gewonnenen Erfahrungen waren eben nur an diesem speziellen Ort mit diesen spezifischen Menschen möglich.

7.3 Ein Grabmal als heiliger Ort

In ihrem Bericht schreibt Sr. Klara Maria Breuer auch noch von Erfahrungen an einem anderen heiligen Ort, i.e. am Grab des ev. Pfarrers Dr. Joachim Ritzkowski (1937-2003):

„Einen anderen 'Heiligen Ort' finde ich am Grab des evangelischen Pastors Dr. Joachim Ritzkowski. Er hat ein Buch über das Leben mit Obdachlosen geschrieben. Eigentlich wollte ich ihm lebend begegnen. Aber in seiner Kirche erfahre ich von seinem Tod. Auf seine Initiative hin war von der Gemeinde eine Grabstätte für Arme und Obdachlose erworben worden. Er selbst wollte dort beigesetzt sein. Eine Frau führt mich schließlich dorthin. Übersät von Mohn- und Kornblumen lese ich über der Grabstätte ein Schild: 'Ich lebe und Ihr sollt auch leben.' So sagt mir dieser Fremde durch das Wenige, das ich von ihm erfahre, wie wertvoll mein Leben ist."

Der hier als heilig benannte Ort, das Grab des ev. Pfarrers, befindet sich auf einem Friedhof. Damit liegt dieser Ort nicht im Zentrum, sondern an der Peripherie der Gesellschaft. Es handelt sich um eine Heterotopie. (Tatsächlich zählt Foucault Friedhöfe zu den Heterotopien.) Dabei ist der Friedhof als Ort der Trauer, des Abschieds, des Todes, der Verwesung und der Erinnerung natürlich ein in hohem Maße konfliktuöser Ort, der sich auch aus dieser Sicht als heiliger Ort nahelegt.

Als Sr. Klara das „Grab mit vielen Namen" besucht, tritt sie in einer Interaktion mit einem Ort, der die übliche gesellschaftliche Konvention (jeder bekommt sein eigenes Grab) bestreitet bzw. an Massen- und Kriegsgräber denken lässt. Darüber hinaus beginnt der Ort mit ihr zu kommunizieren, indem der dort auf einem Schild (ein Dekorationsgegenstand aus aufführungsanalytischer Sicht) angebrachte Satz „Ich lebe und Ihr sollt auch leben." zu ihr spricht. So begreift sie „wie wertvoll mein Leben ist". Hinzu kommen die „Mohn- und Kornblumen", die als (durative dekorative) Zeichen auf ländliche, vielleicht sogar paradiesische Symbolwelten im Kontext dieser Situation verstanden werden könnten. Dabei wäre es sogar möglich, Joachim Ritzkowski aufgrund seines diakonischen Einsatzes für Obdachlose und aufgrund seines Wunsches, selbst im „Grab mit vielen Namen" beigesetzt zu werden, gleichsam als „modernen Heiligen", zumindest aber als Vorbild der Nächstenliebe zu verstehen.

Damit liefert Sr. Klara mit ihrem Bericht ein weiteres Beispiel für einen situativ lokalisierbaren heiligen Ort (der möglicherweise von anderen Menschen ebenfalls als solcher empfunden wird). Dabei scheint dieser Ort u.a. deshalb bei ihrem Besuch für sie persönlich heilig zu werden, weil er es ihr ermöglicht, mit ihr selbst in Kontakt zu treten und etwas über den Wert ihres Lebens zu erfahren.

7.4 Ein Park als heiliger Ort

Für einen anderen Teilnehmer an Straßenexerzitien namens Urban Heck wurde ein städtischer Park zu einem heiligen Ort. Zunächst erzählt er davon, wie er sich während seiner Zeit auf der Straße darüber bewusst wird, den Tod seines Neffen Daniel noch nicht verwunden zu haben. Als ihm eine alkoholkranke Frau von ihrem verstorbene Sohn erzählt, spürt er

„wie ich selbst traurig werde, und dass meine eigene Trauer hochkommt, meine schlummernde Trauer um meinen zehnjährigen Neffen Daniel, der vor sieben Jahren unerwartet schnell gestorben ist. ... Einer Alkoholikerin habe ich zu verdanken, dass ich nun weiß: Ich habe mit Gott noch eine alte Rechnung offen. Ich spüre Trauer und Wut über Daniels Tod."

Am nächsten Tag macht Urban Heck in einem Park eine Erfahrung, die ihn dazu führt, diesen Park als „heiligen Boden" zu bezeichnen:

„Am nächsten Morgen male ich beim Morgenimpuls mit Straßenmalkreide ein Labyrinth in den Innenhof. Wir hören die Emmausgeschichte, gehen ins Labyrinth und beten dort. Dann gehe ich zur U-Bahnstation und nehme die nächste U-Bahn, die fährt. Im Zug entscheide ich, da auszusteigen, wo Kinder aussteigen. Aber kein einziges Kind ist im ganzen Wagen. Erst Stationen später steigt eine Familie ein, und als die aussteigt, gehe ich in die gleiche Richtung, und lande schließlich in einem Park.
Dort spielen drei Jungen Verstecken, und ich male für sie mit meiner restlichen Straßenmalkreide. Sie kommen und fragen: 'Was machst Du da?' Ich lasse sie raten, und sie kommen von selbst darauf, dass ich ein Labyrinth aufs Pflaster male. Etwas später sitze ich auf der Bank daneben und lese über das verstorbene Kind David. Nun kommen die neugierigen Jungen zurück und gehen durch das Labyrinth, gehen rein und raus, spielen damit. Ich lese nun diesem David, der daheim in Berlin gut verabschiedet und dann beerdigt wurde. Mir fällt es wie Schuppen von den Augen, dass ich mich von meinem Neffen Daniel nicht richtig verabschiedet habe. Über drei Jahre lang habe ich selbst beerdigt, Trauernden geraten, sich zu verabschieden, aber ich selbst habe mich nicht verabschiedet von Daniel, ich bin in der Mitte meiner Trauer hängen geblieben. Da sehe ich, wie einer der Jungen den übrigen Kreidestummel nimmt und in die Mitte des Labyrinths schreibt 'ANFANG'. Ja, genau das ist es: Ich bin in der Mitte meiner Trauer, denn ich habe mich nicht von Daniel verabschiedet. Jetzt muss ich das tun, jetzt muss ich mich irgendwie verabschieden von Daniel. Das muss ich machen.
In dem Moment kommt von links eine ältere Frau mit einem Kind, etwa ein Jahr alt. Das Kind läuft tapsend mitten über das Labyrinth, kommt zu meiner Parkbank und schaut mich erwartungsvoll an. Ich sage 'Hallo'. Die Frau ruft ungeduldig: 'Daniel, komm, wir gehen'. Ich halte inne – unglaublich, in der Mitte meiner Trauer, meines Tun-Müssens kommt ein kleiner Daniel. Und als ob Gott, der für mich sorgt, noch deutlicher mit dem Zaunpfahl winken wollte, ruft die Frau auch noch: 'Daniel, sag' tschüss'. Heiß und kalt lief es mir den Rücken herunter. Ich habe das auf mich bezogen. Ich beuge mich zu Daniel, streichele ihm sanft über den Rücken und verabschiede mich so von meinem Daniel: 'Tschüss, Daniel'. Dann ging der kleine Daniel. So habe ich meinen Neffen dem Gott anvertraut, der für mich sorgt, und der mich begleitet. Der Ort war ein profaner Platz im Park, und gleichzeitig war das für mich heiliger Boden, so heilig wie der Boden am brennenden Dornbusch. Noch jetzt, Monate danach, wenn ich davon erzähle, wenn ich versuche das Wunder in Worte zu fassen, noch jetzt berührt es mich."

Folgen wir dieser Erzählung, stellen wir zunächst fest: Urban Heck betritt diesen Park aufgrund einer Verkettung von Zufällen bzw. weil er sich dafür entscheidet, sich von ihm unbekannten Kindern den Weg für diesen Tag zeigen zu lassen: Er steigt dort aus der U-Bahn aus, wo Kinder aussteigen, und folgt ihnen. Diese Kinder werden also von ihm als Weg-Zeichen wahrgenommen.

Beim Betreten des Parkes – übrigens ist ein Park ein altes Zeichen hin auf den Garten Eden als ländliches Paradigma des Paradieses – findet der Erzähler ein Ensemble der Versammelten vor, das aus drei Jungen besteht. Indem er mit ihnen interagiert, mit ihnen spricht, indem sie das Labyrinth bespielen, das er auf den Boden malt, wird er ein Teil des Ensembles. Zugleich geht er auf Abstand dazu, indem er auf einer Bank sitzt und die Geschichte eines verstorbenen Jungen namens David liest (die ihm als Lektüre vom Begleiter der Exerzitien an diesem Tag mitgegeben wurde). In dieser Spannung zwischen Teilnahme und Nicht-Teilnahme erschließt sich ihm das Labyrinth als

universelles Symbol der Verirrung und wird ihm zum Zeichen dafür, sich in seiner Trauer verirrt zu haben.

Nebenbei ist daran zu erinnern, dass das Labyrinth nicht zufällig ein altes und wichtiges erdmarkierenden religiösen Zeichen ist und im mittelalterlichen Kathedralenbau von herausragender Relevanz war, man denke an die Kathedrale von Chartres! In gewisser Weise könnte man daher sagen, dass der Erzähler hier selbst Anteil hat an der Konstitution des von ihm als heiligen Boden wahrgenommen Ortes.

Dann erscheinen zwei neue Akteure: Eine Mutter und ihr einjähriger Sohn betreten den Ort. Als der Erzähler hört, dass dieses Kind auf den Namen Daniel hört – wie einst sein Neffe, von dem er sich nicht verabschiedet hatte – hält er inne, wie er schreibt. Der Leser gewinnt ein Eindruck, als ob die Zeit in diesem Augenblick anders für ihn verlaufen würde (Foucault nennt dieses Phänomen Heterochronie, ein wesentliches Merkmal einer Heterotopie). Dann werden die Worte der Mutter für den Erzähler als Zeichen auf Gott hin transparent: „Und als ob Gott […] noch deutlicher mit dem Zaunpfahl winken wollte, ruft die Frau auch noch: 'Daniel, sag' tschüss'." In gewisser Weise könnte man daher sagen, dass der Erzähler in der Begegnung mit der Mutter und ihrem Kind eine Art Theophanie erlebt. Indem er sich schließlich von diesem Daniel verabschiedet, verabschiedet er sich zugleich von seinem verstorbenen Neffen gleichen Namens.

In seinen abschließenden Worten macht Urban Heck deutlich, dass er den Park in seiner Ambiguität als profanen und zugleich als heiligen Ort wahrgenommen hat: „Der Ort war ein profaner Platz im Park, und gleichzeitig war das für mich heiliger Boden, so heilig wie der Boden am brennenden Dornbusch."

Auch in diesem Beispiel haben wir es also mit einem situativ lokalisierten heiligen Ort zu tun, der seine Heiligkeit aus der Interaktion zwischen dem Erzähler, dem Ort und anderen Anwesenden gewinnt. Und zugleich können wir gute Gründe dafür angeben, dass und inwiefern der Ort selbst (und das, was der Erzähler selbst dazu beitrug, man denke an das Labyrinth) an seiner Wahrnehmung als ein heiliger Ort Anteil hatte. Aus theologischer Sicht schließlich könnte man sagen: Der Park wurde insofern zum heiligen Ort, als der Erzähler hier Gott in anderen Menschen zu begegnen glaubte und mit sich selbst – mit seiner Trauer und mit seinen seelischen Dimensionen – in Verbindung trat.

7.5 Ein Restaurant als heiliger Ort

Der Ordensmann Joseph Mumbere Musanga, von dem wir bereits einen Bericht über seine Erfahrungen in der JVA Nürnberg ausgewertet haben, beschreibt noch einen weiteren Ort in Nürnberg, der für ihn heilig wurde, i.e. das Restaurant „Weißer Löwe":

„Am Dienstag […] während des Morgengebetes hörten wir im Evangelium, wie Jesus 72 Jünger in Städte und Ortschaften aussandte. Dieses Evangelium hatte einen konkreten und klaren Auftrag

Jesu: 'Geh! Ich sende euch wie Schafe mitten unter Wölfe. Nehmt keinen Geldbeutel mit, keine Vorrattasche und keine Schuhe! Grüßt niemand unterwegs! Wenn ihr in ein Haus kommt, so sagt als erstes: Friede diesem Haus! Und wenn dort ein Mann des Friedens wohnt, wird der Friede, den ihr ihm wünscht, auf ihm ruhen; andernfalls wird er zu euch zurückkehren. Bleibt in diesem Haus, esst und trinkt, was man euch anbietet; denn wer arbeitet, hat ein Recht auf seinen Lohn. Zieht nicht von einem Haus in ein anderes! Wenn ihr in eine Stadt kommt und man euch aufnimmt, so esst, was man euch vorsetzt. Heilt die Kranken, die dort sind, und sagt den Leuten: Das Reich Gottes ist euch nahe. Wenn ihr aber in eine Stadt kommt, in der man euch nicht aufnimmt, dann stellt euch auf die Straße und ruft: Selbst den Staub eurer Stadt, der an unseren Füßen klebt, lassen wir euch zurück; doch das sollt ihr wissen: Das Reich Gottes ist nahe.'(Lukas 10,3-11).

Zunächst während des Morgengebetes sprach mich dieser Auftrag Jesu nicht besonders an. Ich hörte dieses Evangeliums, wie es oft bei mir passiert, mit dem Gedanken, dass dieser Auftrag Jesu nur für seine Zeit galt, in der man vieles ohne Geld tun konnte, und in einer Zeit, in der man aus dem Wert der in Sitten verankerten Gastfreundschaft [...] Essen in jedem Haus bekommen konnte. Trotz diesem [sic!] Gedanken entschloss ich mich am diesem Dienstag, mich auf den Weg ohne Geld zu machen, um wahrzunehmen, was in mir geschieht.

Nach einigen Stunden des Gehens auf verschiedenen Straßen der Altstadt Nürnbergs mit dem Gedanken der Gottes Suche in mich selbst und in meiner Lebensgeschichte, fühlte ich mich sehr müde. Ich ging in die Lorenzkirche, um an dem Ort, wo man eine Kerze für Frère Roger aus Taizé angezündet hatte, im Gebet auszuruhen. Während des Gebetes bekam ich so Hunger, dass ich ihn einfach nicht aushalten konnte. Ich wusste nicht, was ich tun sollte, da ich kein Geld hatte. Ich wollte einfach nach Hause mit der U-Bahn schnell fahren und dort, was zum Essen suchen.

Als ich am Ausgangstor war, kam mir plötzlich ein Gedanke an den Auftrag Jesu: 'Wenn ihr in ein Haus kommt, so sagt als erstes: Friede diesem Haus! Und wenn dort ein Mann des Friedens wohnt, wird der Friede, den ihr ihm wünscht, auf ihm ruhen; andernfalls wird er zu euch zurückkehren. Bleibt in diesem Haus, esst und trinkt, was man euch anbietet; denn wer arbeitet, hat ein Recht auf seinen Lohn.' Und vor mir stand das 'Weißer Löwe' Restaurant, das die Werbung hatte: 'Junge fränkische Küche mit einer großen Auswahl frisch gezapfter lokaler Biere.' Ohne viel nachzudenken, ging ich in dieses Restaurant. Ich wurde von einer Kellnerin empfangen und erklärte ihr mein Problem, essen zu wollen ohne Geld zu haben. Sie sagte mir, dass ich mit ihrem Chef sprechen sollte. Sie rief den Chef, der mich fragte, was ich wollte. Ich sagte ihm, dass ich unterwegs auf den Strassen Nürnbergs mit eine Gruppe von 11 Personen bin, und dass wir die sogenannten 'Straßenexerzitien' machen, indem wir Gott auf der Strasse suchen. Ich erklärte ihm meinen Hunger und dass ich ohne Geld da bin und bitte ihn, um etwas zum Essen. Ohne mir irgendeine andere Frage zu stellen, sagte er zu mir: 'Ich kann schon etwas für Sie finden. Kommen Sie, nehmen Sie Platz. Ich werde Sie bedienen…' Das war eine wahnsinnige Antwort, die ich nicht erwartete. Der Herr Zuonko Beric bediente mich als einen Ehrengast. Ich aß und trank in seinem Restaurant ohne Geld zu haben. Ist das nicht ein Wunder! Nachdem ich so gut gegessen und getrunken hatte, bedankte ich mich und sagte zum ihm bei der Verabschiedung: 'Gott möge ihre Arbeit segnen!'

Als ich wegging, war ich selber erstaunt über die unglaubliche Erfahrung mit dem Auftrag Jesu an seine Jünger: ich durfte konkret erfahren, dass der damalige Auftrag Jesu auch heute erfahrbar sein kann, wenn ich Schuhe der Überheblichkeit, des Stolzes, des Reichtums, der Hemmung auszuziehen, und mich als einer erfahren, der in allen Bereichen mitmenschliche Hilfe suchte. Das war etwas Wahnsinniges. Ich suchte Gott in den sicheren und vertrauten Orten. Er begegnete mir in einem Restaurant, das für mich heiliger Boden geworden ist.

Erneut zeigt sich, dass im Rahmen dieser Straßenexerzitien durch die Auswahl und Deutung der biblischen Texte Erfahrungsmuster angeboten werden, die in der Lage sind, ähnliche persönliche Erfahrungen zu evozieren. Deutlich ist ebenso, dass der Erzähler solchen Erfahrungen mit positiver und experimentierfreudiger Disposition gegenüber steht: Er macht sich ohne Geld auf den Weg, „um wahrzunehmen, was in mir geschieht".

Müde und hungrig begibt er sich schließlich in die Lorenzkirche in Nürnberg, um sich auszuruhen. Im „Ausgangstor" der Kirche – an einem liminalen Ort also – fällt sein Blick dann auf das Werbeschild des Restaurants. Diese Dekoration wird für ihn zum einladenden Zeichen. In Anknüpfung an den Text in Lk 10, 3-11 entscheidet er sich spontan dazu, es auf einen Versuch ankommen zu lassen (hier begegnet erneut das Motiv des Experimentellen, wie es Victor Turner für „liminoide Rituale" benannt hat, s.o.).

Nach dem Eingeständnis der eigenen Hilfsbedürftigkeit wird der Erzähler zum Co-Akteur einer von ihm positiv erlebten Aufführung: Er, der als Bettler kommt, wird als „Ehrengast" vom Chef höchstpersönlich bedient. Dieses Erlebnis, das er als „Wunder" beschreibt, also als Ergebnis göttlicher Intervention begreift, versetzt ihn seinerseits in die Rolle eines Jüngers Jesu, wenn er dem Chef beim Abschied den Segen Gottes zuspricht – entsprechend der Bibelstelle des Tages.

Diese Erfahrung der Aktualität des Auftrags Jesu führt dazu, dass der Erzähler das Restaurant als „heiligen Boden" beschreibt, an dem er durch das Bekenntnis der eigenen Hilfsbedürftigkeit in Kontakt mit einem anderen Menschen (dem Chef), mit sich selbst und seinen Bedürfnissen (Hunger und Durst) und mit dem Heiligen („Wunder") kommt. Allerdings handelt es sich bei dem Restaurant eben nicht um einen dauerhaft lokalisierbaren, sondern um einen situativen, nicht durativ lokalisierbaren heiligen Ort.

7.6 Eine Gedenkstätte und ein Kinderspielplatz als heilige Orte

Sr. Margit beschreibt im Rahmen ihres Berichts über Straßenexerzitien in Berlin zwei Lokalitäten, die sie in Relation zueinander als heilige Orte wahrnimmt. Es geht zum einen um eine Gedenkstätte, zum anderen um einen Kinderspielplatz.

„Die Strassen Berlins wurden für mich [...] heiliger Boden. Gedenkstätten des Terrors öffneten mir die Augen für die Kraft des Widerstandes und für das Geschenk der Versöhnung, das zur Quelle neuen Lebens werden kann für jene, die sich mit ihrer Geschichte auseinandersetzen, die sich der Wahrheit anvertrauen und ihre befreiende Kraft erfahren.
Oft waren es ungeplante und unscheinbare Ereignisse und Entdeckungen, die sich am Abend als Gottesbegegnung erwiesen. Und es dauerte nicht lange, bis ich eine Antwort auf die Frage fand: 'Was sind die Schuhe, die ich ausziehen muss, um diesen heiligen Boden zu betreten; was hindert mich daran, Gott wirklich zu begegnen?' Ich merkte, wie sehr ich daran gewöhnt war, alle meine Gedanken und Handlungen ständig zu überprüfen, damit sie auch wirklich 'Gott und den Menschen gefallen', dass ich mir gar nicht bewusst war, wie mir dadurch die Religion zu einer Zwangsjacke wurde und das Spontane in mir, das nach Leben rief, so langsam erstickte. Ich war in Gefahr, den Gott des Lebens im Namen der Religion aus meinem Leben zu verbannen. Nach einem nicht leichten Kampf mit meinen Skrupeln fiel mir das wie Schuppen von den Augen. Konnte es wirklich sein, dass Gott im Kinderspielplatz auf mich wartete? Ich konnte es nicht glauben. Ich wagte es nicht zu glauben. Aber es war so. Mein spielerisches, fröhliches Kind erwachte im Anblick des Kinderspielplatzes in der Naunynstrasse, an dem wir jeden Tag vorbei gingen.
Welch ein eigenartiges Zusammenspiel: Das Wandern auf den Strassen Berlins brachte mich zur selben Zeit in Kontakt mit den Gedenkstätten des Widerstandes und den Gedenkstätten meines Kindseins: beides Orte, die ich nie wirklich besucht hatte. Und langsam aber sicher spürte ich, dass gerade da für mich der Schlüssel zum Leben lag: das Kind in mir zuzulassen, es springen und

singen zu lassen, und den Glauben an das Gute im Menschen und an die Kraft der Versöhnung zuzulassen, den Glauben an den liebenden, werbenden, lebenspendenden und barmherzigen Gott. Was bedeutet das in meinem Leben konkret? Ich spüre, dass Gott lächelt, wenn ich diese Frage stelle. Gott scheint sich zu freuen, dass ich das frage, und ich vertraue darauf, dass ich, wie Rilke dem jungen Poeten geweissagt hat, vielleicht ohne es zu merken in die Antwort hineinlebe."

Die von Sr. Margit benannten heiligen Orte – Gedenkstätte und Spielplatz – sind keine konventionellen dauerhaft lokalisierbaren heiligen Orte (obgleich Gedenkstätten zuweilen rituell bespielt werden, doch davon erfahren wir hier nichts; übrigens auch nicht darüber, dass Gedenkstätten Gefühle wie Trauer, Wut, Verzweiflung, Scham oder Schuld evozieren können). Dass diese beiden Orte von Sr. Margit als heilig erlebt werden, hat v.a. situative Gründe: an diesen Orten kommt die Erzählerin mit sich selbst (mit ihrem „spielerischen, fröhlichen Kind", aber auch mit ihrer bisherigen, unbewussten Sichtweise von Religion als „Zwangsjacke") in Kontakt und begreift den Wert der Versöhnung (auch mit sich selbst). Die beiden Orte werden für sie zu Zeichen; zu Zeichen hin auf das eigene Seelenleben und hin auf Gott. Auf diese Weise gelangt die Erzählerin zu neuen Einsichten über ihr eigenes Verhältnis zu Gott bzw. zu einem neuen Gottesbild („den Glauben an das Gute im Menschen und an die Kraft der Versöhnung zuzulassen, den Glauben an den liebenden, werbenden, lebenspendenden und barmherzigen Gott"). Als Konsequenz ihrer Erfahrung mit diesen heiligen Orten weiß die Erzählerin um die Präsenz Gottes in ihrem Leben („Ich spüre, dass Gott lächelt ...").

7.7 Ein ausgebranntes Haus als heiliger Ort

Manuela Knopp, von der auch ein Erlebnisbericht über das Gefängnis in Duisburg stammt (s.o.), hat während ihrer Straßenexerzitien noch einen anderen Ort als heilig erlebt, i.e. ein ausgebranntes Haus:

„An unserem zweiten Tag in Duisburg hat es in unserem Stadtteil gebrannt. Drei Kinder und eine junge Frau kamen dabei in einer Wohnung ums Leben. Dieses ausgebrannte Haus war mein Ziel. Ich kam zu diesem Haus und fand davor ein Meer von Blumen, Kerzen, Kuscheltieren und Briefen. Da stand z.B. 'Warum?' 'Wir Muslime beten für Euch!' Menschen standen vor dem Haus und hielten sich im Arm. Sie redeten miteinander und weinten. Auch mir kamen die Tränen an diesem Ort. Tränen der Trauer und der Freude. Freude, weil dieses Miteinander, diese Solidarität mich überwältigt hat. Ich setzte mich auf die andere Straßenseite und nach einiger Zeit kamen Menschen zu mir und fragten was ich hier mache. Ich antwortete: 'Ich suche Gott!' 'Den suchen wir hier alle!' antwortete eine Frau.
Doch ist mir hier klar geworden, warum ich Gott suche. Auch hier hat für mich der Dornbusch gebrannt. Hier war Gott ganz deutlich spürbar: in den Gesprächen der Menschen, in den Briefen, in den Fragen und in den Umarmungen. Aus Ehrfurcht habe ich hier meine Schuhe ausgezogen."

Die Erzählerin sucht während der Straßenexerzitien ein ausgebranntes Haus auf, in dem kurz zuvor vier Menschen – darunter drei Kinder – ums Leben gekommen sind. Die Szene, die sie beschreibt, zeugt von der akuten, öffentlich bekundeten Anteilnahme der Menschen des Stadtteils am Schicksal der Opfer. Blumen, Kerzen usw. können als nicht-verbale kommunikative Zeichen der Empathie

verstanden werden. Im Zentrum steht – jedenfalls in der Wahrnehmung der Erzählerin – die Frage nach dem „Warum?" Ebenso wie diese Frage keine Antwort erhält, zeugt die ganze Szene zunächst von einer fundamentalen Sprachlosigkeit der Akteure angesichts dieses Unglücks. Einzig das Gebet der Muslime („Wir Muslime beten für Euch!") scheint diese Stummheit kommunikativ transzendieren zu können.

Erst als sich die Erzählerin auf den Boden setzt – als sie sich dazu entscheidet, Teil des Ensembles der Versammelten zu werden – wird sie von anderen Akteuren dieser Szene angesprochen. Die extreme Situation führt jetzt zu einer außergewöhnlich eindrücklichen Kontaktaufnahme, bei der die Frage nach Gott wie selbstverständlich („Den suchen wir hier alle!") ins Zentrum rückt.

Schließlich werden die Erscheinung der Akteure und ihre Handlungen – ihre Gespräche, Briefe, Umarmungen usw. – für die Erzählerin zu Zeichen der Präsenz Gottes an diesem Ort. Zugleich kommt die Erzählerin hier intensiv mit ihren eigenen Gefühlen in Berührung („Auch mir kamen die Tränen an diesem Ort. Tränen der Trauer und der Freude." bzw. „Aus Ehrfurcht habe ich hier meine Schuhe ausgezogen.").

Insgesamt gesehen haben wir es also auch hier nicht mit einem fest lokalisierbaren heiligen Ort zu tun, sondern mit einem nicht-alltäglichen Ort, an dem die Erzählerin in dieser speziellen Situation mit anderen Menschen, mit sich selbst und mit Gott in Kontakt kommt.

7.8 Die Wohngemeinschaft der Exerzitien als heiliger Ort

Im letzten für uns relevanten Erlebnisbericht schildert die Pastorin Annette Reimers-Avenarius ihre Erfahrungen bei Straßenexerzitien in Berlin, wobei sie die Wohngemeinschaft der Exerzitien selbst als heiligen Ort beschreibt.

„'Naunynstraße 60, genau über dem ‚Tor zur Hölle" – so beschrieb Christian Herwartz mir den Weg zu dem Ort, der mir für eine Woche als Herberge dienen sollte.
Vor dem mehrstöckigen Gründerzeitmietshaus stehend, entpuppte sich das 'Tor zur Hölle' als Untertitel einer wenig einladenden, verdammt schwarzen Heavy-Metal-Kneipe mit dem aussagekräftigen Namen 'Trinkteufel'; nur zwei Stockwerke höher fand ich eine Art Gegenprogramm: Gelebte Gastfreundschaft! Ich fand eine WG, die vor mehr als 25 Jahren von Franz Keller und Christian Herwartz gegründet wurde, beide Jesuitenpater und Arbeiterpriester, die seit dieser Zeit inmitten ihrer Gäste leben. Zwölf Betten in Mehrbettzimmern waren in der Woche, in der ich da war, belegt, Männlein und Weiblein getrennt, jederzeit hätten noch mehr Menschen dazu kommen können. Ein Wohn- und Esszimmer, eine Küche, zwei Bäder, ein Kachelofen in jedem Zimmer. Vor vielen Jahren eigenhändig renoviert. Miete und Nebenkosten werden bezahlt von den Renten, die sich die beiden Jesuitenpriester als Arbeiter in der Industrie verdient hatten; Essen kommt von der Tafel und von Spenden der beiden Nachbarkirchengemeinden, der römisch-katholischen St. Michael und der evangelischen St. Thomas.
Die Gäste können unterschiedlicher nicht sein – und ich hatte in einer Woche reichlich Gelegenheit, mit den meisten ausführlich ins Gespräch zu kommen. Und wenn ich noch an die Menschen denke, von denen mir erzählt wurde, dass sie hier gelebt haben … Menschen, die hier und nur hier sterben wollten, Menschen, die nur ein oder zwei Nächte ein Bett brauchten, und dann 3 Jahre oder länger geblieben sind. Menschen, verschiedener Nationalität, Sprache, Religion … Kinder, die hier geboren wurden … dann bekomme ich eine Ahnung, was Gastfreundschaft alles bedeuten,

umfassen, einschließen kann. Und: Wie sehr die Rolle Gast – Gastgeber – und wieder zum Gast wechseln kann – und welche theologische Erkenntnis damit verbunden ist.
Gibt es Regeln – eine Hausordnung? – Ich habe keine entdeckt – außer zwei wöchentlichen Terminen, an denen man teilnehmen oder es lassen kann: Samstag Vormittag ist großes Frühstück: es kommt alles auf den Tisch, was Küche und Speisekammer hergeben: eine lange Tafel wird gedeckt; es kommen Freunde, Ehemalige, Assoziierte, es wird gegessen, erzählt, man verabredet sich ... Und am Dienstag Abend ist Kommunitätsabend: es wird zusammen gekocht, gegessen, einander erzählt, was man in der Woche erlebt hat; jede und jeder, der mag kommt zu Wort, Schönes und Schmerzhaftes hat hier seinen Platz, danach wird Abendmahl gefeiert. Am Esstisch. Einfach. Schnörkellos. Mit einer Scheibe Brot. Ein Bibeltext wird gemeinsam ausgelegt, gesungen, gebetet.
Soviel zu meinem ungewöhnlichen Quartier, das mir innerhalb kürzester Zeit von der Herberge zur Heimat wurde. Von hier habe ich mich täglich aufgemacht: auf die Straße."
„Ich habe mehr als einen 'heiligen' Ort betreten: einer war die WG Naunynstraße 60. Dort habe ich eine Gastfreundschaft erlebt, von der ich merke, dass sie mich verändert hat: Mich mit weniger zufrieden zu geben, fällt mir zusehends schwerer ... Wer weiß, wo das eines Tages hinführt?"

Die Erzählerin beschreibt, wie die Wohngemeinschaft in Berlin, das Quartier während der Straßenexerzitien, für sie zum heiligen Ort wurde. Dabei werden verschiedene Komponenten benannt: Die bedrohliche Lage über dem „Tor zur Hölle", die Enge der Räumlichkeiten, die Trennung der Geschlechter, die Schlichtheit der Möblierung und des Komforts, die Intensität der Kommunikation und der Anteilnahme unter den Bewohnern und die Authentizität der gelebten geistlichen Gemeinschaft.

Für die Erzählerin war diese WG ein Ort, an dem sie auf intensive Weise mit anderen Menschen in Kontakt getreten ist; an dem sie sich selbst verändert hat („Mich mit weniger zufrieden zu geben, fällt mir zusehends schwerer") und an dem sie sich mit dem Heiligen in Kontakt getreten ist (Abendmahl am Dienstagabend).

Dabei steht dieser Typus eines heiligen Ortes – eine christliche Kommunität in äußerer Schlichtheit und in einem schwierigen gesellschaftlichen Kontext – fest in der christlichen Tradition heiliger Orte (man denke etwa an städtische Klöster). Aber es ist eben kein heiliger Ort im ontologischen Sinne, an dem etwa eine Theophanie stattfand; kein kulturell umstrittener Ort, der von gegensätzlichen Deutungsansprüchen zerrissen wird; kein heiliger Ort im phänomenologischen Sinne, der sich z.B. durch besondere oder einmalige Interaktionsmöglichkeiten auszeichnet; kein poetisch bedachter Ort, über den etwa besonders anrührende Geschichten im Umlauf sind. Es ist lediglich ein Ort, an dem kommunitäres Leben im Anklang an urchristliche Elemente zur Aufführung kommt, an dem intensive Erfahrungen mit anderen Menschen, mit sich selbst und mit dem eigenen Glauben möglich sind. Insofern handelt es sich hierbei um den Sonderfall eines durativ lokalisierbaren und zugleich situativen heiligen Ortes.

8. Zusammenfassung

Im Folgenden sollen die untersuchten Erlebnisberichte über Straßenexerzitien zusammenfassend ausgewertet werden. Welche Erkenntnisse haben wir dabei gewonnen?

Zunächst ist festzuhalten: Bei den Straßenexerzitien, wie sie hier besprochen wurden, handelt es sich um eine spezielle Form eines Passagerituals: Freiwillige leben für eine begrenzte Zeit an einem für sie fremden Ort unter beschwerlichen oder zumindest ungewöhnlichen Bedingungen (zusammen leben und schlafen, anderes Essen, viel Zeit im Freien), mit der Bereitschaft, sich für Erfahrungen des Heiligen zu öffnen.

Weiterhin lassen sich die Straßenexerzitien als eine Form der „Beispielung" eines urbanen heiligen Raumes verstehen, durchaus in der Tradition christlich-städtischer Spiritualität. Dadurch wird der urbane Raum offen für religiöse Interaktionen mit ihm, ebenso wie eine Kirche offen ist für religiöse Interaktionen mit ihr im Rahmen eines Gottesdienstes.

Durch die intensive Beschäftigung mit und Auslegung der Geschichte vom brennenden Dornbusch wird den Teilnehmenden der Straßenexerzitien ein Erlebnismuster vorgegeben, das dazu geeignet ist, entsprechende Erfahrungen zu evozieren: Indem sich die Teilnehmenden für die Begegnung mit anderen Menschen, mit sich selbst und mit Gott öffnen, erfahren sie die Orte, an denen sich diese Kontakte einstellen, als heilig. Das Zustandekommen solcher Erfahrungen setzt also eine entsprechende religiöse Disposition voraus (und es ist gewiss kein Zufall, dass nicht wenige der Erzählenden religiöse „Profis" sind) sowie die Bereitschaft, sich für ein derartiges Erlebnismuster zu öffnen.

Wichtig ist schließlich die Beobachtung, dass keiner und keine der Teilnehmenden an Straßenexerzitien im Erlebnisbericht darüber Auskunft gibt, ob und inwiefern das Erlebte mittel- oder langfristig zu einer Änderung der Einstellung oder des Verhaltens in sozialer oder politischer Weise geführt hat: Haben sich die Teilnehmenden der Straßenexerzitien später in irgendeiner neuen Form entsprechend engagiert? Darüber erfahren wir aus den Berichten nichts – was erstaunlich ist, insofern als die Geschichte vom brennenden Dornbusch ja auf die Befreiung des Volkes Israels aus der ägyptischen Gefangenschaft abzielt, also gravierende soziale und politische Konsequenzen hat. Der Gott, der Mose erscheint, erscheint ihm, um ihn zu beauftragen. Wie verhält es sich damit bei den Teilnehmenden an Straßenexerzitien?

Teil 3: Ergebnissicherung

9. Rückblick

Im ersten Teil unserer Untersuchung haben wir ein umfangreiches religionswissenschaftliches und theologisches Instrumentarium der Analyse „klassischer" oder „konventioneller" – also durativ lokalisierbarer – heiliger Orte vorgestellt. Auch wenn dieses Instrumentarium im zweiten Teil, d.h.

bei der Untersuchung situativer heiliger Orte nicht in allen seinen Nuancen zur Anwendung gebracht wurde, ist es im wissenschaftlichen Diskurs doch sinnvoll, sich eines breiten Spektrums analytischer Möglichkeiten bedienen zu können.

Im Verlauf der Untersuchung hat sich gezeigt, dass es im christlichen Traditionsstrom (mindestens) zwei völlig unterschiedliche „Typen" von heiligen Orten geben könnte:

1. Den ersten Typen kann man als durativ lokalisierbaren heiligen Ort bezeichnen. Er zeichnet sich dadurch aus, dass er relativ konstant für eine größere Gruppe von Menschen über längere Zeit hinweg als heilig gilt. Zuweilen wird seine Heiligkeit auf eine Theophanie oder auf die Erscheinung eines oder einer Heiligen zurückgeführt (man denke etwa an die Marienerscheinungen in Fátima, Portugal); zuweilen zeichnet sich ein solcher Ort dadurch aus, dass er umstritten oder gar umkämpft ist (man denke an Streitigkeiten und Schlägereien zwischen Vertretern christlicher Religionsgemeinschaften in der Grabeskirche in Jerusalem); zuweilen sind an solchen Orten besondere oder gar einmalige Interaktionsmöglichkeiten mit dem Ort möglich (man denke an den Wasserkonsum aus der heiligen Quelle von Lourdes in Frankreich); oft sind solche Orte Haftpunkte von Geschichten über den Einbruch des Heiligen in die Alltagswirklichkeit (man denke an die Geburtskirche in Bethlehem); und nicht selten lassen sich die an durativ lokalisierbaren heiligen Orten durchgeführten Rituale (z.B. Gottesdienste in einem Kirchengebäude) einer Aufführungsanalyse unterziehen.

2. Und dann gibt es – im wissenschaftlichen Diskurs meist weniger wahrgenommen – Orte, die nur situativ als heilig wahrgenommen werden. Es handelt sich dabei um nicht-durativ lokalisierbare heilige Orte, die zweitweise und für Einzelne in einer konkreten Situation als heilig erlebt werden. Solche Orte zeichnen sich dadurch aus, dass es an ihnen zu besonderen, nicht-alltäglichen, vielleicht sogar einmaligen Begegnungen zwischen dem Gläubigen und anderen Menschen, zwischen dem Gläubigen und dem Heiligen/Gott und zu einer Begegnung des Gläubigen mit Aspekten seiner eigenen Person kommen kann.

Dabei ist die Frage des konkreten Ortes für diesen Typus des heiligen Ortes keinesfalls unwichtig. Im Gegenteil lassen sich sogar Aspekte benennen, die bestimmte Orte als besonders disponiert dafür charakterisieren: Diejenigen Orte, die für Gläubige situativ heilig werden können, zeichnen sich v.a. dadurch aus, dass sie aus konventioneller gesellschaftlicher Sicht in keinster Weise als heilig gelten. Oft sind es sogar ambivalente, liminale oder negativ besetzte Orte. Gerade an solchen Lokalitäten sind dann ungewöhnliche oder einzigartige Erfahrungen möglich, die die Routine des spirituellen Alltags durchbrechen. Zudem scheinen eine persönliche, positive religiöse Disposition, die eigene Erwartungshaltung und die zeitweise Bereitschaft des Verzichts auf Bequemlichkeit,

Komfort und soziale Sicherheiten zentrale Voraussetzung für die gelungene Evokation solcher Erlebnisse zu sein.

10. Ausblick

Für die weitere Erforschung des Phänomens nicht-durativ lokalisierbarer heiliger Orte wäre es nötig, weitere Erlebnisberichte zu untersuchen, die von Erfahrungen an solchen Orten berichten. Auch die direkte teilnehmende Beobachtung in solchen Situationen wäre ein methodisch gangbarer Weg – wenngleich er aus seelsorgerlichen Gründen (Seelsorgegeheimnis) schwierig zu begehen sein dürfte.

Aus theologischer Sicht würden sich weitere Untersuchungsmöglichkeiten anbieten, z.B. die Frage nach Berichten situativer heiliger Orte in der Bibel, nach Spuren dieses Typs heiliger Orte in der Kirchengeschichte, nach deren systematisch-theologischer und praktisch-theologischer Konzeptionalisierung, nach ihrer Relevanz für Seelsorge, Kybernetik, Liturgie usw.